COMO IDENTIFICAR
UM PSICOPATA

Kerry Daynes
Jessica Fellowes

COMO IDENTIFICAR UM PSICOPATA

CUIDADO! ELE PODE ESTAR MAIS
PERTO DO QUE VOCÊ IMAGINA

Tradução
MIRTES FRANGE DE OLIVEIRA PINHEIRO

Editora
Cultrix
SÃO PAULO

Título original: The Devil You Know.
Copyright © 2011 Nicola Ibison.

Copyright da edição brasileira © 2012 Editora Pensamento-Cultrix Ltda.

Texto de acordo com as novas regras ortográficas da língua portuguesa.

1ª edição 2012.

4ª reimpressão 2016.

Todos os direitos reservados. Nenhuma parte desta obra pode ser reproduzida ou usada de qualquer forma ou por qualquer meio, eletrônico ou mecânico, inclusive fotocópias, gravações ou sistema de armazenamento em banco de dados, sem permissão por escrito, exceto nos casos de trechos curtos citados em resenhas críticas ou artigos de revistas.

A Editora Cultrix não se responsabiliza por eventuais mudanças ocorridas nos endereços convencionais ou eletrônicos citados neste livro.

Coordenação editorial: Denise de C. Rocha Delela e Roseli de S. Ferraz

Preparação de originais: Marta Almeida de Sá

Revisão: Liliane Scaramelli

Diagramação: Join Bureau

Dados Internacionais de Catalogação na Publicação (CIP)
(Câmara Brasileira do Livro, SP, Brasil)

Daynes, Kerry
    Como identificar um psicopata : cuidado! ele pode estar mais perto do que você imagina / Kerry Daynes, Jessica Fellowes ; tradução Mirtes Frange de Oliveira Pinheiro. – São Paulo : Cultrix, 2012.

    Título original: The devil you know
    ISBN 978-85-316-1185-8

    1. Psicanálise 2. Psicologia patológica 3. Psicopatas
    4. Psicopatias I. Fellowes, Jessica. II. Título.

12-03877   CDD-616.8582
                                            NLM-WM 210

Índices para catálogo sistemático:
1. Psicopatia : Medicina   616.8582

Direitos de tradução para o Brasil
adquiridos com exclusividade pela
EDITORA PENSAMENTO-CULTRIX LTDA.
Rua Dr. Mário Vicente, 368 — 04270-000 — São Paulo, SP
Fone: (11) 2066-9000 — Fax: (11) 2066-9008
E-mail: atendimento@editoracultrix.com.br
http://www.editoracultrix.com.br
que se reserva a propriedade literária desta tradução.
Foi feito o depósito legal.

Este livro está repleto de exemplos extraídos de histórias reais, em que as autoras reconheceram algumas características citadas na escala de comportamento psicopático (uma escala na qual a maioria de nós se situa em algum ponto). Esses exemplos são apresentados como estudos de caso, para que o leitor possa praticar o que aprendeu em cada capítulo e também tentar reconhecer os traços que fizeram com que esses exemplos atraíssem a atenção das autoras.

O leitor jamais deve pressupor que um indivíduo seja psicopata simplesmente por ter sido citado em um desses estudos de caso ou mencionado em alguma outra parte do livro.

No início de cada capítulo há um estudo de personagem, usado para ilustrar um comportamento genérico típico de um psicopata – esses estudos não se baseiam em pessoas reais, e qualquer semelhança com pessoas vivas ou mortas é mera coincidência. Apesar de usar exemplos extraídos da mídia, relatos publicados e não publicados, mesmo que alguém tenha sido rotulado de psicopata, eu mesma não posso ter certeza disso sem uma extensa avaliação. O diagnóstico de psicopatia tem consequências graves e de grandes proporções. O objetivo deste livro é unicamente informar e não deve ser usado como nenhum tipo de instrumento diagnóstico.

Nossos agradecimentos a Nicola Ibison, da James Grant, por sua inspiração, Rowan Lawton, da PFD, e Eugenie Furniss, da William Morris. Agradecemos também a Charlotte Haycock, da Hodder & Stoughton, por sua paciência, e a você, George, por cumprir seu prazo com tanta eficiência.

SUMÁRIO

Prefácio 11

1. O psicopata em sua vida 13
2. Seu colega de trabalho é psicopata? 33
3. Seu chefe é psicopata? 54
4. Seu melhor amigo é psicopata? 74
5. Seu namorado é psicopata? 94
6. Seu filho é psicopata? 114
7. Seu pai ou sua mãe é psicopata? 148
8. Seu parceiro é psicopata? 168
9. Sua celebridade favorita é psicopata? 195
10. Você é psicopata? 215

Notas 233

PREFÁCIO

O ESCORPIÃO E A RÃ – UMA FÁBULA

Um escorpião e uma rã encontraram-se às margens de um riacho. O escorpião queria atravessar para o outro lado e, então, pediu à rã que o levasse nas costas.

– Mas como saberei que você não vai me picar? – perguntou a rã desconfiada.

– É lógico que não vou fazer isso – respondeu o escorpião. – Se eu picá-la, também morrerei.

Satisfeita, a rã concordou, e o escorpião subiu em suas costas.

Na metade da travessia, o escorpião deu uma ferroada na rã, condenando ambos à morte.

– Por que você fez isso? – gritou a rã moribunda.

– Porque essa é minha natureza – respondeu o escorpião.

1

O PSICOPATA EM SUA VIDA

"Eu havia marcado um encontro com um rapaz – com quem acabara de conversar em uma sala de bate-papo pela Internet, numa cafeteria. Quando cheguei, vi outras quatro moças, cada uma em uma mesa, todas esperando por ele. Ele chegou com cinco flores na mão e entregou uma para cada uma de nós."

"Hoje de manhã, quando abri a geladeira, vi que a moça que dividia o apartamento comigo tinha comido todo o meu queijo outra vez. Sei que ela fez isso depois do bate-boca que tivemos ontem à noite, porque ela usou outro vestido meu sem pedir emprestado e ainda o devolveu sujo e cheirando a fumaça de cigarro. Sem contar que há quatro meses ela não paga a parte dela da conta de gás."

"Fiquei muito magoada com meu colega de trabalho. Quando ele começou a trabalhar na empresa, há poucas semanas, nós dois logo fizemos amizade e saíamos para almoçar quase todos os dias. Mas, nos últimos tempos, ele vem ignorando meus e-mails e tem saído do escritório pouco antes das 13h com o vice-gerente, rindo e contando piada. Não consigo entender – sobretudo porque passei um tempão elaborando o relatório dele para aquela apresentação importante que ele tinha de fazer na semana passada."

"Na semana passada, tirei meu filhinho de perto de Tommy no tanque de areia. Eu o encontrei aos berros enquanto o menino esmagava calmamente um camundongo com seu jogo de ferramenta de brinquedo e depois tentava arrancar, uma a uma, as patas do animal. Quando ralhei com Tommy, ele me olhou confuso e disse 'Desculpe' com um inconfundível sorriso de escárnio nos lábios. Mais tarde, quando a mãe dele pediu explicações, ele disse candi-

damente que era mentira. 'Deve ter sido ele', disse o menino apontando para o meu filho."

Parece familiar? Aposto que você já se deparou com pelo menos uma dessas situações. Em algum momento da sua vida, você vai encontrar alguém que exibe as principais características de um psicopata. De fato, os cientistas calculam que entre 1% e 3% da população em geral seja psicopata. Portanto, se você tem cem amigos no Facebook, pelo menos um deles pode ser um psicopata (a menos que todas as suas amizades sejam da prisão; nesse caso, a porcentagem sobe para 15%).

Isso parece assustador – e talvez seja. Mas os psicólogos sabem que existem vários graus de psicopatia. Embora na extremidade superior da escala estejam os assassinos compulsivos e na extremidade inferior existam "anjos" comuns, no meio da escala estão pessoas que talvez não infrinjam as leis, mas que são extremamente lesivas e danosas aos que as rodeiam.

Pode ser que você não perceba isso; na realidade, é bem possível que não perceba. Os psicopatas não costumam andar por aí com uma faca ensanguentada em uma das mãos e uma cabeça decepada na outra. Eles são muito – *mas muito* – mais sutis. O psicopata na sua vida pode ser o seu chefe, seu filho adolescente, seu namorado, seu médico, seu amante ou o desconhecido com quem você marcou um encontro.

O psicopata na sua vida pode estar usando um terno de grife ou um agasalho esportivo. Pode ser homem, mas também pode ser mulher. Pode ser um profissional em ascensão que ganha muito dinheiro ou uma mãe de cinco filhos que vive de pensão. O psicopata na sua vida pode ser lindo de morrer ou ter o rosto cheio de espinhas. Pode ter abandonado a escola aos 15 anos ou ter curso superior e ser altamente qualificado.

Na verdade, a única coisa que os psicopatas têm em comum é uma série de problemas emocionais e comportamentos antissociais capazes de causar um grande estrago em famílias, organizações e comunidades inteiras.

Esse é um quadro resistente ao tratamento. Destituídos de qualquer empatia, eles tentam obter aquilo que querem sem se importar com quem atravessa o seu caminho. Com charme, manipulação e muita habilidade, eles seguem em direção a sua carteira, sua casa – e até mesmo seu coração.

Mesmo assim, é curioso como todo mundo adora um psicopata. Pense na trajetória horripilante do personagem de Jack Nicholson no filme *O Iluminado*, na cena em que Glenn Close cozinha o coelho na panela em *Atração Fatal*, no canibal Hannibal Lecter interpretado por Anthony Hopkins em *O Silêncio dos Inocentes* e no maníaco Begbie interpretado por Robert Carlyle em *Trainspotting – Sem Limites*; todos campeões de bilheteria vistos por milhões de pessoas que pagaram pelo privilégio de sentir um arrepio na espinha. Os livros de suspense que nos deixam (quase) aterrorizados demais para virar a página e as tramas das novelas inglesas protagonizadas por assassinos compulsivos vagando pelas estreitas ruelas de Manchester são extremamente populares. Os jornais também agem rapidamente para tirar proveito dos crimes, com manchetes horripilantes e extensas análises.

Em algum momento na sua vida, talvez você se refira ao seu "ex" como "psicopata" – provavelmente porque ele gostava de assistir programas de automobilismo ou trocou você por uma mulher mais feia – mas na verdade não entendemos realmente o que o termo significa. Tampouco cogitamos sobre a probabilidade de realmente entrar em contato com um verdadeiro psicopata.

Este livro falará sobre psicopatas: o que os move; o que se passa na cabeça e no cérebro deles (literalmente); por que eles são assim e o que podemos fazer. Você aprenderá a identificar os sinais de alerta de um psicopata em potencial – como eles se comportam em diferentes papéis e ambientes – e quais são as melhores maneiras de se defender.

Enquanto um psicólogo avalia um psicopata de acordo com critérios diagnósticos rigorosos e detalhados, existem sinais de alerta que podem revelar a uma pessoa leiga quando uma pessoa desse tipo cruza o seu caminho. Embora não deva ser tratado como um instrumento forense para identificar alguém como psicopata, este livro lhe dará conselhos baseados em princípios da psicologia. Não tenha nenhuma dúvida: se houver um possível psicopata na sua vida, você precisará escapar dele rapidamente.

> Não importa se você está namorando, passando por momentos difíceis com seu filho, sofrendo *bullying* no trabalho ou perplexo com seu "melhor amigo", este livro o ajudará a identificar um psicopata.

Sou psicóloga forense e tenho uma clínica particular. Eu e minha equipe de psicólogos e psicoterapeutas forenses trabalhamos para vários órgãos de serviço social, saúde e do sistema penal, que nos confiam a tarefa de identificar indivíduos que representam perigo para si mesmos e para os outros. Tratei criminosos com distúrbio mental em presídios de segurança média, trabalhei com presidiários em penitenciárias de segurança máxima e indivíduos de alto risco que viviam na comunidade e fiz estudos de caso para varas criminais e de família. Em um único dia de trabalho eu atendia de ladrões de lojas a estupradores compulsivos. Nesse período, conheci alguns dos criminosos psicopatas mais famosos do país. E sei como alguns deles podem ser manipuladores, charmosos e inteligentes.

Eu entrevistei um dos primeiros psicopatas que avaliei em uma penitenciária de segurança máxima. Para chegar até ele, tive de atravessar grossas portas de aço. Para minha própria segurança, havia botões de pânico instalados na sala de entrevista, e um agente penitenciário ficava o tempo todo do lado de fora da porta. Eu tinha sido solicitada a avaliá-lo como parte do processo de apreciação do seu pedido de livramento condicional – ele tinha sido condenado à prisão perpétua pelo assassinato da avó, que matara a facadas durante uma discussão sobre o equivalente a uns dez reais. No entanto, qualquer pessoa que me visse entrar na sala pela primeira vez pensaria que era ele quem iria me entrevistar. Ele havia providenciado para que outros detentos me servissem chá e também redistribuído os poucos móveis da sala para torná-la mais confortável. Levou uma lista de tópicos que *ele* achava que seria bom discutir. Esse foi o primeiro sinal de alerta sobre suas tendências psicopatas: como querem causar uma boa impressão, os psicopatas costumam demonstrar uma falsa preocupação com o bem-estar do entrevistador. Sem falar do ar de superioridade deles, o que significa que eles tentam controlar a entrevista como se estivessem em uma coletiva de imprensa ou algo do gênero.

Eu havia consultado os arquivos do cliente e não tinha nenhuma ilusão quanto aos crimes que ele havia cometido. No entanto, em razão da tranquilidade com que ele respondeu às primeiras perguntas e de sua clara "habilidade com as palavras", ainda assim eu o achei agradável e charmoso.

Naquele primeiro dia, ele me contou a história da sua vida – bem, a sua versão – retratando-se como o herói trágico. Ele disse que tinha apanhado muito da mãe, que chorava toda noite de saudades do pai e que era um menino tímido e quieto que lutava com sua autoestima. Ele foi tão convincente que quase chorei junto com ele. Mas seu comportamento emotivo mudou rapidamente (outro sinal de alerta). Depois de morder os lábios, chorar e puxar os cabelos desesperadamente, ele começou a contar piadas estranhas, perguntou se eu não queria fazer uma pausa para fumar e elogiou meus dentes!

Quando perguntei sobre seu crime, ele disse que perdeu a paciência com a avó de 73 anos de idade, com quem morava, e a esfaqueou (nada menos que dezessete vezes) com o "lado cego" de uma faca de cozinha. Ele achava que o que matara a pobre velhinha provavelmente fora o choque daquele acesso de fúria inusitado e a sua saúde precária, e não os ferimentos infligidos por ele (terceiro sinal de alerta).

Ele me disse que, desde então, tinha feito um profundo exame de consciência e estava atormentado pelo sentimento de culpa – mas, quando pedi que falasse mais sobre esses terríveis sentimentos de remorso, de repente ele ficou sem palavras (quarto sinal de alerta). Durante todo o tempo em que estava preso, não tinha aproveitado a oportunidade para fazer nenhum tipo de terapia, mas chegara à conclusão de que agredira a avó porque os gritos dela desencadearam um episódio pós-traumático. Ele havia "perdoado" tanto a mãe – por todas as surras que ela tinha lhe dado – como a avó – por, sem querer, ter trazido à tona memórias de maus-tratos. E, supostamente, isso deveria me fazer pensar que agora estava tudo bem.

No segundo dia de entrevista, eu apontei as claras discrepâncias entre o relato que ele fez da vida dele e as informações que constavam nos arquivos. Ele não ficou nem um pouco perturbado com as inconsistências e alegou misteriosos esquecimentos e lapsos de memória (quinto sinal de alerta). Convenientemente, "lembrou-se" de ter cometido furtos qualificados, várias falcatruas e "molecagens" – como torturar os gatos do vizinho (sinal de alerta! sinal de alerta!). Ele me contou, com um grande sorriso nos lábios, que uma vez pregou as asas de um passarinho na árvore, como se fosse uma brincadeirinha de adolescente. Só quando percebeu o terror estampado no meu rosto (psicóloga iniciante, não consegui deixar de expressar uma reação) é que ele mudou de tática e comentou que não acreditava que tinha feito uma maldade daquela. Perguntei por que ele achava que era uma maldade. A resposta dele? Porque ele tinha sido acusado de cometer um delito e fora multado em 50 libras.

No terceiro dia, ele me contou seus planos para quando fosse solto, que envolviam vários projetos, inclusive estudar psicologia ou aconselhamento infantil. Ele aproveitava todas as oportunidades de cursos oferecidos aos presos – tanto, na verdade, que uma auxiliar de professora foi transferida para outro presídio depois que veio à tona que ele tinha convencido a moça de que sabia onde ela morava e a estava obrigando a lhe levar objetos não permitidos no sistema carcerário. "Foi só uma brincadeira", disse ele. "Bem feito! Quem mandou ela ser tão boba?"

Ele também deixou escapar que havia se preparado para a avaliação. Isso significa que tinha lido laudos de outros presos que tiveram o pedido de liberdade condicional negado – na esperança de se sair melhor – e também um livro de psicanálise. No final, ele colocou a mão no meu joelho e perguntou: "Como é que eu me saí?"

Ao longo dos três dias de entrevista, a pontuação dele foi subindo na minha escala pessoal e nada científica de "arrepio na nuca", e também em parâmetros mais válidos e convencionais de psicopatia.

ENTÃO O QUE É EXATAMENTE UM PSICOPATA?

A palavra psicopata significa literalmente "mente doente", mas, embora possam desenvolver estados temporários de doença mental como outra pessoa qualquer, os psicopatas não são dementes. Eles têm total consciência e controle do seu comportamento. Seus atos são ainda mais assustadores por não poderem ser considerados consequência de uma doença temporária, mas, sim, de uma permanente indiferença fria e calculista em relação aos outros.

Os psicopatas não são loucos, mas podem ser muito, muito maus.

À medida que a raça humana evoluiu, desde que fomos perdendo o excesso de pelos do corpo e aprendemos a caminhar eretos, sempre houve pessoas que parecem imunes às regras normais ou insensíveis aos sentimentos daqueles que os cercam – lembre-se de Átila, o Bárbaro, de Calígula e Hitler. Pode-se argumentar que toda a nossa história foi moldada por diversos psicopatas extremos, mas, como até a década de

1940 não havia parâmetros para avaliação de psicopatia, é difícil comprovar isso. Antes disso, a sociedade simplesmente declarava que essas pessoas tinham "falência moral" ou maldade pura e simples.

Em 1941, Hervey Cleckley, psiquiatra norte-americano, publicou o primeiro trabalho de peso sobre psicopatas, intitulado *The Mask of Sanity* [A Máscara da Sanidade]. Foi ele que introduziu o termo na cultura popular. O objetivo do livro era ajudar a detectar e diagnosticar o psicopata ardiloso, e foi o primeiro a fazer a distinção entre psicopatas e portadores de distúrbios mentais significativos, que são mais claramente "anormais". (Um comentário à parte: Hervey Cleckley também foi o primeiro psiquiatra a ser solicitado a apresentar provas no julgamento de Ted Bundy, assassino compulsivo condenado em 1978 por mais de trinta assassinatos.) Cleckley entrevistou pacientes psiquiátricos e descobriu que alguns deles apresentavam poucos – se muito – sinais externos de anomalia, porém estavam sempre se envolvendo descaradamente em comportamentos destrutivos e problemáticos. As atitudes desses pacientes em relação às outras pessoas e ao mundo em geral revelavam deficiências acentuadas exatamente nos aspectos emocionais que nos identificam como seres humanos. Cleckley concluiu que os psicopatas são singularmente incapazes de "entender o significado da vida como as pessoas comuns a vivenciam".

Atualmente, o padrão internacional para avaliação e diagnóstico de psicopatia é a escala PCL-R (lista de verificação de psicopatia – *Psychopathy Checklist Revised*), criada pelo dr. Robert Hare em 1991. Trata-se de um instrumento extensamente pesquisado que mede o grau em que uma pessoa demonstra as vinte qualidades fundamentais de um psicopata. A avaliação por meio da escala PCL-R é complexa e tem de ser feita por um psicólogo devidamente qualificado e altamente treinado. A pontuação baseia-se em extensas entrevistas e análises de informações provenientes de arquivos.

Fazer 30 pontos ou mais na escala PCL-R, de um total de quarenta pontos, é suficiente para ser considerado "psicopata". Uma pontuação entre 35 e 40 é suficiente para fazer até mesmo Hannibal Lecter pensar duas vezes antes de convidar essa pessoa para jantar. A PCL-R é uma escala móvel de psicopatia, e provavelmente todos, menos os mais virtuosos de nós, se situam em algum ponto dessa escala. A pontuação média do criminoso comum varia entre 19 e 22. Como sou uma cidadã íntegra, minha pontuação na PCL-R é 4.

Veja como a pontuação funciona:

QUAL SERIA A PONTUAÇÃO DE SUA VIZINHA EM UMA ESCALA DE PSICOPATIA?

0	Ela está sempre aparecendo com uma bandeja de bolinhos caseiros
2	Ela está sempre de olho na sua lata de biscoitos
5	Ela sempre estaciona o carro na frente da sua garagem
7	Você rega as plantas dela mesmo quando ela *não* está de férias
10	Ela está tendo um caso com seu marido
12	O leite e o jornal de domingo raramente estão na porta de sua casa
15	Ela entra em sua casa para assistir a sua TV, pegar comida em sua geladeira, dormir na sua cama... quer você esteja ou não em casa
17	Seus amigos não vão mais à sua casa: da última vez em que foram visitá-la, os pneus do carro deles foram cortados
20	Aquela empresa de *timesharing* em que ela o convenceu a investir suas economias foi à falência
25	Seu cachorro foi encontrado morto na calçada
30	... Duas semanas depois, o mesmo aconteceu com seu gato
35	Seu marido foi encontrado esfaqueado na calçada
40	Há outros corpos enterrados no quintal

Na prática, a escala PCL-R agrupa as características que definem um psicopata de acordo com dois fatores amplos: traços de personalidade e estilo de vida desviante (veja a página 23). Para ser um psicopata é preciso ter evidências *tanto* de características de personalidade *como* de estilos de vida, embora cada pessoa tenha uma combinação diferente.

Por trás do olhar de todo psicopata existe um mundo emocional empobrecido, mas é preciso olhar atentamente para vê-lo. Os psicopatas são incapazes de qualquer sutileza ou emoção profunda; seus sentimentos geralmente não passam de reações primitivas passageiras às suas vontades e necessidades imediatas. Portanto, eles também não têm capacidade de compreender os sentimentos alheios; são indiferentes aos direitos ou ao bem-estar das outras pessoas, que consideram meros objetos a serem manipulados a seu bel-prazer. No entanto, o psicopata é capaz de ocultar sua natureza fria e predatória por trás de um charme cativante. Os psicopatas observam rapidamente como as outras pessoas reagem e se tornam excelentes imitadores das emoções normais e enganadores experientes. Em geral, são autoconfiantes, interessantes e bons contadores de casos, mas suas histórias não resistem a uma análise minuciosa. Sua atitude lisonjeira é sedutora, porém falsa. A companhia deles pode ser divertida por algum tempo, pois sua inconsequência e impulsividade são contagiantes ("Vamos nos divertir!"), mas sua autoconfiança pode transformar-se rapidamente em arrogância dominadora, e certamente você não vai querer estar por perto se as coisas não saírem do jeito que eles gostariam. Os psicopatas acham que têm o direito de ter tudo o que querem, não importa a que preço, e costumam ter explosões violentas e descontroladas quando são criticados ou frustrados. Assim como o escorpião da fábula, faz parte da natureza deles usar e prejudicar os outros, embora muitas vezes acabem inadvertidamente dando um tiro no próprio pé. Apesar de jamais admitirem, os psicopatas culpam a tudo e a todos – mas nunca a si mesmos – por seus problemas.

Os psicopatas não são encontrados em uma classe social ou circunstância social típica, mas têm um estilo de vida em comum. Provavelmente, desde o princípio foram considerados "a ovelha negra da família" e passaram a vida toda se recusando a aceitar os padrões vigentes, violando regras, quebrando promessas e partindo corações. Os psicopatas raramente se preocupam com o futuro, preferindo gastar suas energias em busca de novidade e emoção. Eles nunca vão perder o sono porque não pagaram uma conta, perderam o emprego ou até mesmo receberam um aviso de despejo; eles gostam de ser parasitas e dependerem de outras pessoas, não só financeiramente, mas também para tudo o que querem obter. Obviamente, seu relacionamento com as outras pessoas é tenso e superficial. Eles não têm nenhum sentimento de lealdade e passam para o próximo alvo assim que "a fonte tiver secado". Geralmente não cumprem nenhum tipo de compromisso nem se preocupam com o futuro. Sexo é indiscriminado, sem importância ou simplesmente outro meio de atingir um fim.

ITENS DA ESCALA DE PSICOPATIA

Fatores relacionados ao estilo de vida:
Vários relacionamentos conjugais de curta duração
Delinquência juvenil
Violação da liberdade condicional
Versatilidade criminal
Necessidade de estimulação/tendência ao tédio
Estilo de vida parasitário
Promiscuidade sexual
Problemas precoces de conduta
Ausência de metas realistas de longo prazo

Traços de personalidade:
Loquacidade/charme superficial
Autoestima inflada
Mentira patológica
Enganador/manipulador
Ausência de remorso ou sentimento de culpa
Afetividade superficial
Indiferença/falta de empatia
Descontrole comportamental
Impulsividade
Irresponsabilidade
Incapacidade de assumir a responsabilidade pelos próprios atos

As características da psicopatia se sobrepõem aos critérios diagnósticos de vários transtornos da personalidade. Os itens sobre personalidade da PCL-R, em particular, têm muito em comum com o Transtorno da Personalidade Narcisista; psicopatas e narcisistas, portanto, podem ser convenientemente considerados primos de primeiro grau. Os portadores de transtornos da personalidade vivem de acordo com percepções rígidas, restritas e distorcidas sobre si mesmos, sobre outras pessoas e situações. Os narcisistas, assim como os psicopatas, têm um sentimento exagerado, irreal, da própria importância; eles superestimam arrogantemente suas capacidades, suas realizações e seus contatos, a ponto de mentir descaradamente. Preocupam-se com fantasias de riqueza, fama e sucesso. Egocêntricos, são incapazes de identificar-se com os sentimentos e as necessidades dos outros, que são considerados inferiores e são imediatamente explorados. Assim como os psicopatas, os narcisistas têm episódios de raiva descontrolada quando a percepção que têm de si mesmos é questionada. Apesar das semelhanças, os portadores de Transtorno da Personalidade Narcisista não violam as regras da mesma maneira que os psicopatas; eles se consideram acima da lei, mas não são tão totalmente ou aleatoriamente antissociais. Apesar de serem invejosos e depreciarem os outros, em geral não são tão calculistas em sua maldade. Algumas pessoas se referem à psicopatia como "narcisismo exacerbado" para transmitir as semelhanças entre os dois quadros, mas também ressaltar o lado mais sombrio, mais brutal e deliberado dos psicopatas.

De acordo com critérios diagnósticos, o narcisismo é indicado pela presença de pelo menos cinco das seguintes características:

1 Tem um sentimento grandioso acerca da própria importância; por exemplo, exagera ao falar de realizações e talentos; espera ser reconhecido como superior sem que ocorram realizações à altura.
2 Preocupa-se com fantasias de sucesso ilimitado, poder, inteligência, beleza ou amor ideal.
3 Acredita que é "especial" e único e que só pode ser compreendido por – ou deve associar-se a – outras pessoas (ou instituições) especiais ou de *status* elevado.
4 Exige admiração excessiva.
5 É presunçoso: tem expectativas irracionais de receber um tratamento especialmente favorável ou obediência automática às suas expectativas.
6 Explora os relacionamentos interpessoais, tirando vantagem de outros para atingir seus próprios objetivos.
7 Não tem empatia: reluta em reconhecer ou identificar-se com os sentimentos e as necessidades alheias.
8 Sente inveja de outras pessoas ou acredita ser alvo da inveja alheia.
9 Tem atitudes e comportamentos insolentes.

Da mesma forma, os itens sobre estilo de vida da PCL-R estão intimamente relacionados ao Transtorno da Personalidade Antissocial. Segundo o "Manual Diagnóstico e Estatístico de Transtornos Mentais", os portadores desse transtorno apresentam agressividade recorrente, incapacidade de manter o emprego ou honrar dívidas e desrespeito sistemático e sem remorso às leis. Provavelmente, a maior parte da população carcerária poderia ser diagnosticada com precisão como portadora de Transtorno da Personalidade Antissocial, mas isso não faz com que todos sejam psicopatas, pois eles também teriam de demonstrar uma grande dose de outras características de deficiências interpessoais e emocionais desse quadro.

Para "preencher a cartela toda de um bingo de psicopatia", uma pessoa precisaria ter uma ficha criminal igual à dos gêmeos Kray, ter começado a acumular prisões, ainda bem jovem, e ter mostrado o dedo do meio às restrições impostas por frustrados juízes e serviços de liberdade condicional. Uma longa lista de condenações certamente contribui para uma elevada pontuação na PCL-R, mas não é necessária para levar a um diagnóstico de "psicopata". Embora essas condenações representem provas claras de mais da metade dos itens da PCL-R, esses itens podem ser combinados de várias maneiras. Nem todos os psicopatas são iguais, e o fato de uma ou duas características não estarem presentes não significa que uma pessoa não se enquadra no quadro global. (Se você encontrar alguém que, por exemplo, leva uma vida parasitária, mas em outros aspectos não tem nada de excepcional, saiba que isso não o torna um psicopata. Talvez seja apenas um aproveitador.)

O perfil psicológico que define a natureza do psicopata atrai esses indivíduos e os equipa especialmente para uma vida de crimes. Não é de admirar, portanto, que a probabilidade de encontrar psicopatas em presídios seja pelo menos quinze vezes mais elevada do que na população em geral. Os psicopatas representam uma imensa preocupação para todos nós que trabalhamos no sistema penal, pois eles são responsáveis por um maior número e uma maior variedade de crimes do que qualquer outro grupo. Em geral, eles têm mais probabilidade de cometer crimes violentos ou outras formas de crimes caracterizados por agressão e truculência do que os criminosos comuns. A natureza da violência dos psicopatas também difere da do criminoso comum; são atos violentos praticados a sangue-frio, mais planejados e predatórios, motivados por lucro social ou financeiro, ao contrário do que ocorre nos "crimes passionais". Mas embora infringir a lei seja uma opção comum dos psicopatas, certamente não é a única.

Há um grupo distinto – às vezes, formado por indivíduos denominados psicopatas "bem-sucedidos" ou "subclínicos" – que não trilha o caminho óbvio do crime. Talvez sejam particularmente inteligentes ou cultos, menos fortuitos do que o psicopata típico, talvez tenham desenvolvido habilidades sociais altamente refinadas e conseguido se inserir em um setor da sociedade em que foram aceitos e conquistaram confiança – por exemplo, um advogado, um corretor de valores ou até mesmo um psiquiatra. Outros psicopatas operam nos limites da lei: sua conduta pode não ser ilegal – não exatamente –, mas é imoral e possivelmente devastadora para aqueles que têm a infelicidade de se envolver com eles. Outros simplesmente ainda não foram apanhados e conseguem, com bastante sagacidade, manipular, intimidar ou aterrorizar a família, os amigos, os colegas e os sócios, fazendo com que se calem diante de sua má conduta. A pontuação desses psicopatas bem-sucedidos na escala PCL-R provavelmente seria entre 25 e 29.

É fácil identificar psicopatas dentro e fora das prisões. Mas, como frisou Cleckley, alguns psicopatas "têm uma aparência externa muito mais compatível com normalidade". Analise, por exemplo, uma colega minha que se mudou para um apartamento no dia em que um corpo grotescamente mutilado foi encontrado na área reservada para guardar o lixo do condomínio. Ela acabou descobrindo que nas vizinhanças morava um assassino sádico. Todos os vizinhos estavam compreensivelmente horrorizados com o que estava acontecendo e, sem dúvida alguma, passavam as noites em claro imaginando as cenas brutais que tinham ocorrido a poucos metros da soleira da sua porta. Muitos comentaram que havia muito tempo que suspeitavam que o cara que morava no bloco 3 "tinha a palavra psicopata escrita na testa". Enquanto isso, minha conhecida simplesmente curtia a atenção da mídia, exibindo uma expressão de choque e falando frases de efeito exageradas para todo repórter de televisão que encontrava. Curiosamente, ela não fez nenhum comentário sobre a tragédia em relação à vítima, muito menos alguma observação de passagem sobre o mundo terrível em que vivemos. Na verdade, a única coisa que ela disse em particular foi que estava irritada com o fato de a investigação policial estar retardando sua mudança. Pior ainda, que os preços dos imóveis provavelmente iam cair na região. Em conversa com os vizinhos, ela conseguiu descobrir a identidade do morto e, mais tarde, foi ao enterro, não para prestar uma homenagem à vítima, mas para tirar fotos do caixão e dos parentes desconsolados que, mais tarde, tentou vender para um jornal. No final, ninguém se interessou pelas fotos, mas ela me disse despreocupadamente que não tinha perdido seu dia "porque pelo menos os comes e bebes estavam bons". Independentemente de qual fosse a condição psicológica do assassino (suspeito de que seus problemas iam além de simples psicopatia), tive a impressão de que outro psicopata, embora menos perigoso, havia se mudado para o prédio no mesmo dia em que ele tinha saído.

Esse lobo em pele de cordeiro pode ser o psicopata na *sua* vida – e o principal foco deste livro. Se o seu namorado acabou de ser condenado à prisão perpétua por ter cometido o 89º assassinato, desferiu uma cabeçada no advogado de defesa dele e afanou sua bolsa quando estava sendo levado para a cela, você não precisa que um livro lhe diga o que há de errado.

O CURIOSO INCIDENTE DO GATO NA LATA DE LIXO

Em agosto de 2010, o canal CCTV divulgou imagens da britânica Mary Bale jogando sorrateiramente Lola, a gata do vizinho, em uma lixeira. A comoção que essas imagens causaram – o clipe foi visto por milhões de pessoas no YouTube – gerou manchetes como "Será que Mary Bale é a mulher mais perversa da Inglaterra?"

Apesar de toda a indignação pública, a polícia demorou um pouco para decidir se esse era ou não um ato criminoso (era – ela acabou sendo processada pela Sociedade Protetora dos Animais da Grã-Bretanha (RSPCA) e teve de pagar 250 libras de multa mais custas judiciais depois de admitir que havia cometido uma crueldade contra o animal). Ilegal ou não, esse foi um comportamento psicopata? Com certeza, foi um ato impulsivo – Mary Bale disse que "achou que seria divertido colocar o pobre animal na lata de lixo – e que demonstrava total falta de empatia pela gata e por seus donos". Lola só foi achada por acaso na manhã seguinte, cerca de quinze horas depois. A resposta inicial de Mary Bale ("Era só uma gata") mostrava uma atitude do tipo "não sei por que tanto estardalhaço". Só mais tarde, depois da indignação popular, é que ela pediu desculpas e disse que tinha sido um "comportamento totalmente contrário à sua natureza".

Obviamente, um indivíduo não é necessariamente um psicopata porque praticou um único ato suspeito. A menos que Mary Bale tenha uma longa história de crueldades que não foram flagradas por nenhuma câmera, a verdade é que ela é uma pessoa absolutamente comum. Provavelmente, o que torna sua história mais interessante é a indignação popular. Durante várias semanas, Mary recebeu ameaças de morte; as pessoas ligavam pedindo que ela fosse despedida do emprego e manifestavam sua ira e revolta na Internet. Todo o curioso incidente ilustra que, quando indivíduos violam as regras de conduta moral, escritas ou tácitas, nós não lidamos bem com isso.

MULHERES TAMBÉM

A American Psychiatric Association [Associação Americana de Psiquiatria] calcula que aproximadamente 3% dos homens e 1% das mulheres na população em geral sejam psicopatas. Em geral, as mulheres psicopatas obtêm uma pontuação mais elevada nos itens sobre personalidade do que nos itens sobre estilo de vida da escala PCL-R. Portanto, é bem possível que sejam psicopatas "bem-sucedidas" que conseguem passar despercebidas. Embora o volume de pesquisas sobre psicopatas esteja aumentando rapidamente, até agora, a maior parte dos estudos foi realizada com homens. Por esse motivo, neste livro nós nos referimos mais a "ele" do que a "ela".

PSICOPATIA TEM CURA?

Definitivamente, não, psicopatia não tem "cura", e os programas genéricos para tratamento de criminosos não surtem efeito nos psicopatas. Na verdade, os psicólogos aprenderam que as terapias tradicionais podem ter o efeito indesejado de ensinar os psicopatas a manipular as outras pessoas (uma vez que eles aprendem a dizer o que os outros querem ouvir). Foram publicadas diretrizes específicas para o tratamento desse grupo que visam persuadir os psicopatas das vantagens que eles obterão se mudarem seu comportamento e desenvolverem habilidades para serem mais aceitos socialmente, em vez de tentar mudar a estrutura subjacente da sua personalidade. Demorará alguns anos para que os pesquisadores descubram se essa estratégia é realmente eficaz.

O CÉREBRO PSICOPATA

Algumas pessoas acreditam que a origem da psicopatia seja um distúrbio neurológico específico. Embora os estudos não indiquem que os psicopatas tenham alguma lesão cerebral, seu cérebro realmente parece ser diferente do das outras pessoas. Por exemplo, técnicas de neuroimagem revelaram que, quando os psicopatas são solicitados a realizar tarefas que requerem o processamento de palavras carregadas de emoção, as partes do seu cérebro que são ativadas não são as mesmas dos grupos de controle normais. "Circuitos defeituosos" no sistema paralímbico (um grupo de regiões cerebrais interconectadas envolvidas no autocontrole e no processamento emocional) podem ser particularmente significativos. Evidências de anomalias cerebrais nos psicopatas levaram alguns cientistas e advogados a alegarem que eles não são "maus", mas, sim, "menos favorecidos" ou até mesmo "deficientes" (e, portanto, é preciso dar um desconto maior para seus atos ilícitos e suas maldades). No extremo oposto do espectro, outros lançaram mão da teoria de que a psicopatia tem uma origem biológica, para apoiar uma proposta ainda mais controversa de identificar e prender indivíduos mesmo que não tenham cometido um crime.

DIFERENÇA ENTRE SOCIOPATA E PSICOPATA

De vez em quando você ouvirá as pessoas falarem de "sociopatas", além de psicopatas, mas na verdade não existe diferença entre os dois termos: ambos são usados como sinônimos. Grosso modo, o termo sociopata é mais um americanismo, de modo que um psicopata pode virar sociopata ao cruzar o Atlântico.

O termo sociopata surgiu por duas razões. Em primeiro lugar, porque alguns psicólogos achavam que a palavra "psicopata" era muito parecida com "psicótico". A maioria das pessoas pensa automaticamente em Norman Bates, o sinistro proprietário do motel no filme *Psicose* de Alfred Hitchcock. O filme tem um apelo duradouro (quem já não puxou nervosamente uma cortina de banheiro?), e, de alguma maneira, a manipulação do diretor fez com que um homem de peruca grisalha e vestido de mulher ficasse assustador. Mas o pobre e incompreendido

Norman era doente mental – o título do filme (baseado no livro homônimo) na verdade se refere ao fato de ele ser psicótico, e não *psicopata*. Os psicóticos agem sob a influência de delírios e alucinações. Norman provavelmente sofria de Transtorno Dissociativo de Identidade e estava claramente atormentado ("Oh, mãe... Meu Deus, nããão, mãe!"). Os psicopatas não têm percepções distorcidas da realidade e raramente têm conflitos interiores em relação à forma como tratam os outros, muito menos crise de consciência.

Em segundo lugar, alguns psicólogos sociais estão convencidos de que os psicopatas são criados pelo ambiente familiar e por uma sociedade cada vez mais psicopata. Eles acham que a palavra sociopata enfatiza tanto suas crenças sobre as origens do problema como o fato de as características associadas serem prejudiciais a grupos inteiros.

2

SEU COLEGA DE TRABALHO É PSICOPATA?

Na mesa ao lado da sua pode estar sentado um psicopata. Ele pode roubar a sua carteira, invadir seu computador ou falar mal de você para o chefe. Ou levá-lo para almoçar todos os dias, dizer que você é um grande amigo e elogiar sua última apresentação. Seja como for, ele pretende usá-lo para tirar alguma vantagem. O psicopata não trabalha em equipe. Ele analisa um por um na empresa para ver quem poderá lhe ser útil. Se fizer amizade com você, será porque ele sabe que, de alguma forma, poderá lucrar com isso.

Se tiver alguém assim no seu trabalho, é melhor manter distância. Essas pessoas dependem da maleabilidade de outros para poder galgar os degraus da carreira. E há alguns psicopatas nesses degraus. Estudiosos da psicopatia estimam que, além da população carcerária, é no meio corporativo que eles são encontrados com maior frequência.

Eu trabalhava em um pequeno escritório de arquitetura em Glasgow. Havia apenas cinco projetistas de nível sênior no escritório, inclusive o casal de proprietários, Sam e Ella. Além disso, havia vários estagiários, projetistas de nível júnior e uma assistente administrativa. Embora o escritório fosse pequeno, gozávamos de boa reputação no mercado e éramos realmente muito bem-sucedidos, sempre com muitos contratos em andamento. Como fazíamos o gerenciamento dos projetos, lidávamos com grandes somas de dinheiro de nossos clientes. Várias centenas de milhares de libras passavam pela conta bancária da empresa: para pagar construtores, decoradores, fornecedores de material de construção, e assim por diante. O pagamento dos nossos serviços representava a menor parte desse dinheiro.

Com o escritório crescendo, Sam e Ella às vezes tinham dificuldade para acompanhar toda a administração, principalmente quando estavam preocupados com seus próprios projetos. Mas, felizmente, tínhamos uma brilhante assistente administrativa chamada Judy. Judy estava na casa dos 40 anos e tinha uma aparência de mãezona. Talvez fosse por isso que gostávamos tanto dela – comparada com todas as pessoas arrogantes e intransigentes com as quais trabalhávamos, ela era bastante simpática e "acolhedora". Era uma daquelas pessoas que estão sempre dispostas a ouvir os problemas dos colegas e que têm um estoque inesgotável de biscoitos para oferecer. Judy trabalhava muitas horas – todos nós trabalhávamos – e estava sempre pensando em coisas que levantassem nosso moral. Como trazer algumas garrafas de cerveja para que pudéssemos brindar o fim da semana.

Além disso, era muito eficiente. Não fazia muito tempo que estava no escritório, apenas alguns meses, quando, depois de organizar todos os registros contábeis, aconselhou Sam e Ella a abrir várias contas bancárias para administrar melhor o dinheiro dos clientes. Sam ficou um pouco relutante a princípio – Judy não era especialista em contabilidade –, mas Ella insistiu. Afinal, eles tinham um contador que cuidava de todos os assuntos relacionados com imposto de renda – precisavam apenas controlar o dinheiro dos clientes, e se tivessem, no próprio escritório, alguém em quem confiassem e que pudesse fazer isso, seria uma ótima solução.

Com Judy cuidando de toda essa parte, a pressão diminuiu bastante. E os clientes também a adoravam – logo descobriram que era mais rápido e mais fácil ligar para Judy para falar sobre dinheiro do que ter de incomodar Sam ou Ella com esse assunto. Os fornecedores também preferiam falar diretamente com Judy, pois ela sempre sabia do que se tratava e resolvia seus problemas rapidamente. Judy deveria ter uma reunião semanal com Sam e Ella para rever todas as operações e demandas da semana, mas isso logo se perdeu nas cervejas da sexta à noite. Porém, Ella queria ter uma boa conversa com Judy pelo menos uma vez por mês. Acontece que, quando começavam a falar das questões de trabalho, logo desviavam para outros assuntos.

Então, pequenas coisas começaram a nos incomodar. Uma vez, quando Sam e Ella estavam fora, Judy me procurou e pediu que eu assinasse um formulário que a autorizava a aprovar todas as despesas – sem necessidade da aprovação de um dos diretores da empresa. Ela disse que Sam e Ella tinham concordado com esse procedimento, eles apenas haviam se esquecido de resolver isso antes de sair para o feriado. Eu respondi que não poderia assinar o documento, mas teria muito prazer em discutir o assunto em uma reunião com ela e Sam ou Ella quando eles voltassem. Ela disse apenas: "claro" – e saiu. Só quando ela foi presa, poucas semanas depois, é que me lembrei de que ela nunca marcara essa reunião.

Em seguida, alguns fornecedores começaram a ligar para Sam e Ella alegando que não tinham recebido o pagamento, enquanto Judy afirmava o contrário. No início, achamos que fosse apenas algum tipo de erro bancário. Mas quando uma cliente telefonou e disse que Judy havia ligado para sua casa pedindo que ela pagasse os materiais de construção duas semanas antes do previsto, o alarme soou. Sam e Ella passaram um fim de semana examinando os livros de contabilidade e os extratos bancários e, para seu horror, descobriram que Judy vinha tirando dinheiro das contas havia dois anos – 500 libras aqui, alguns milhares ali. O montante chegava a dezenas de milhares de libras. Quando o caso de Judy foi parar na justiça, descobrimos que ela havia começado suas falcatruas duas semanas depois de ter sido contratada. Tínhamos sido completamente enganados.

Jake, arquiteto e vítima de psicopata

Judy é um caso clássico de psicopata no local de trabalho. O que pode parecer estranho à primeira vista – pois ela não se encaixa no estereótipo de vigarista que se poderia esperar. Para começar, não era homem. Ela usava roupas simples, em vez de terninhos elegantes. A empresa em que trabalhava era pequena, e não uma empresa grande na qual ela seria apenas uma funcionária anônima e onde seria mais fácil alguém mal-intencionado se esconder. E é verdade que a tendência do psicopata culto e astuto é escolher uma empresa maior para fazer suas jogadas. Psicopatas desse tipo são preguiçosos – não levantam um dedo para fazer nada que não lhes traga algum benefício direto se houver alguém para fazer o trabalho por eles. Muitos se sentem atraídos por organizações maiores, onde eles têm mais oportunidades de obter grandes promoções e ocupar cargos importantes – que dão poder e dinheiro –, além de haver um maior número de subordinados para manipular e destratar.

> Há mais narcisistas no mundo dos negócios do que na população carcerária. Hare disse que, se não tivesse estudado psicopatas em um ambiente prisional, teria feito suas pesquisas com corretores de valores ou operadores de telemarketing.[1]

Mas Judy era uma psicopata inteligente. Ela tirou proveito do seu jeito de mãezona – arrumando um emprego em um escritório pequeno onde ser "acolhedor" era praticamente um pré-requisito. Usando um tom de voz afetuoso e angariando sorrisos, ela só tinha de "tapar os olhos dos patrões" e o resto da empresa iria na onda. Seu estoque de biscoitos e sua encenação de colega compreensiva e solidária – não se deixe enganar, era tudo uma encenação – faziam com que as pessoas não observassem seu trabalho mais de perto. Em outras palavras, ela sabia que era a última pessoa de quem alguém desconfiaria.

Além disso, Judy trabalhava sozinha. O fato de ter um departamento só dela, sem ninguém para controlar sua agenda diária, era simplesmente perfeito. Judy, ao que parece, exibia as características clássicas de um funcionário psicopata, conforme descrevem Paul Babiak e Robert Hare em seu livro *Snakes in Suits: When Psychopaths Go To Work*. Mais focado e mais controlado do que o protótipo do psicopata, um funcionário psicopata procurará três alvos para atingir seus fins cruéis: os peões, os patronos e os bodes expiatórios.

"Peões" são pessoas que têm algo que o psicopata quer. No caso de Judy, eram os clientes e Jake, por sua assinatura útil. Mas nem sempre a pessoa que tem as chaves do cofre é que é o peão do psicopata. Uma secretária com acesso à agenda e ao caderninho de endereços do diretor-executivo da empresa é um bom alvo. Ou o fofoqueiro de plantão, que pode espalhar sua fama de "bonzinho" para que as pessoas acreditem que ele é uma pessoa de respeito e não o observem mais atentamente, ao mesmo tempo em que fornece as informações de que ele precisa. ("Se você der vinho para Jane, ela lhe contará tudo." "Dizem que Bob está na corda bamba – mais um erro, e ele será despedido.") Ou um profissional de TI com quem ele faz amizade e a quem pede ajuda para invadir a caixa postal do chefe após alguns drinques em um bar numa sexta-feira depois do expediente. ("Não tem problema... Eu só preciso resolver uma coisa para ele. Ele vai me matar se chegar na segunda-feira e descobrir que não fiz... Ajude um colega, vai.")

"Patronos" são pessoas que ocupam cargos influentes. No caso de Judy, eram Sam e Ella. Não apenas por serem os donos da empresa, mas por apoiarem Judy. Se Sam e Ella dissessem que ela era uma boa funcionária, então, para todas as outras pessoas – colegas, clientes e fornecedores – ela também era uma boa funcionária. O patrono, em uma empresa maior, pode ser o gerente de nível médio que recomenda um aumento salarial para o psicopata. Ou o gerente de Recursos Humanos que o recomenda para uma promoção.

"Bodes expiatórios" são meras buchas de canhão para o psicopata. São as pessoas sobre quem o psicopata pisará para abrir seu caminho rumo ao topo.

Aposto que Judy identificou os fornecedores menos organizados, a quem poderia culpar no caso de aparecer algum "erro" financeiro. Se algo der errado, os bodes expiatórios serão sempre os únicos a levar a culpa. Eles podem ser o eterno subgerente, que nunca sai do lugar, ou a pessoa que nunca é promovida e acaba sendo alvo de todas as piadas ou brincadeiras.

OS SETE SINAIS DO COLEGA PSICOPATA

Ele pode estar na mesa ao lado. A menos que você tenha uma imagem bastante negativa do seu chefe, você irá pressupor que ele ocupa esse cargo graças a credenciais sólidas: boa formação, um bom conhecimento da área, experiência prévia relevante e uma ou duas referências satisfatórias.

Sinal 1 Para um psicopata é realmente mais fácil almejar posições de destaque em que as palavras-chave sobre as especificações do cargo são termos vagos como "liderança" e "gestão de pessoas", em vez de qualificações rígidas. Seu currículo será mais centrado em qualidades pessoais em geral, que são mais fáceis de maquiar e mais difíceis de quantificar. Usando seu charme persuasivo como arma, ele consegue o trabalho. Menos de 10% da comunicação é verbal, e os psicopatas sabem que o importante não é necessariamente o que dizem, mas como dizem. Em uma entrevista de emprego, eles conseguem impressionar com pouco mais que um firme aperto de mão, autoconfiança carismática e a autoridade com que usam os termos da moda, mas, na verdade, dizem pouca coisa de realmente substancial. Depois que colocam o pé na empresa, eles raramente são questionados; os colegas naturalmente partem do princípio de que se alguém passou pelo processo de seleção é porque deve ser competente.

> A cultura que nos rodeia pode suprimir ou incentivar o desenvolvimento de certos aspectos da personalidade.[2] De modo geral, os psicopatas do Reino Unido são muito semelhantes aos dos Estados Unidos, mas os psicopatas norte-americanos geralmente obtêm pontuação

> mais elevada nos itens da escala PCL-R que medem arrogância e charme.[3] Em uma comparação direta entre os psicopatas escoceses e os norte-americanos, os escoceses apresentaram um grau menor de traços psicopatas, em geral.[4] Mas isso não significa que um psicopata escocês seja muito diferente de seus colegas que não usam "saiote"; simplesmente falta-lhe loquacidade, charme e maneiras polidas. Afinal, um escocês nunca lhe desejou um bom-dia!

Quando o novo funcionário chegou, talvez o seu chefe tenha lhe pedido para apresentar o novo membro aos outros colegas. É claro que você ficou feliz ao ser escolhido para essa tarefa. Então, quando o novato mostrou interesse em fazer amizade com você, obviamente, ele achou que você fosse alguém que devesse ser levado em consideração no escritório – e, por acaso, vocês torcem pelo mesmo time de futebol. Você decide, então, não só mostrar-lhe onde fica o armário com material de escritório e o banheiro de executivos, mas também contar-lhe alguns detalhes essenciais. Por exemplo: quem é o digitador mais eficiente, o gerente a quem entregar o formulário de reembolso de despesas, com uma lista ligeiramente grande, quando você precisar que elas sejam aprovadas, e até mesmo Janey, a funcionária da cantina que sempre serve porções generosas.

Sinal 2 Psicopatas são bajuladores convincentes e sutis. Eles rapidamente analisam e entram em sintonia com você para verificar seu potencial de valor para eles. Mostram deliberadamente os mesmos interesses da pessoa que querem manipular, para que ela acredite que são realmente amigos. É muito comum ouvir pessoas que foram enganadas por psicopatas dizerem com muita tristeza: "Pensei que fôssemos bons amigos... Tínhamos tanta coisa em comum...".

Até mesmo os *serial killers* [assassinos em série] têm de trabalhar para ganhar o pão de cada dia

- Harold Shipman (médico; acusado de matar cerca de 250 pessoas).
- Ted Bundy (advogado que assumiu a própria defesa em seu julgamento e trabalhou em um serviço de linha direta de prevenção de suicídio; matou 36 mulheres).
- John Gacy (diretor de uma empresa de sucesso e palhaço em tempo parcial; assassinava rapazes homossexuais e enterrava os corpos embaixo de sua casa).
- Steve Wright (caminhoneiro; assassinou cinco mulheres e ficou conhecido como o Estripador de Ipswich).
- Gary Ridgeway (pintor de caminhão; assassinou pelo menos 48 pessoas).
- Dennis Nielsen (funcionário público; assassinou e desmembrou 17 homens).

Você precisa tomar cuidado. Todo mundo tem senhas em seu computador (mesmo que você não tenha conseguido mudar a SENHA1 padrão, fornecida pelo departamento de informática). Você pode não deixar a carteira ou a bolsa sob a mesa quando soa o alarme da simulação de incêndio ou quando sai para o almoço. (No entanto, você pode deixá-la para dar uma corrida ao banheiro ou à cantina e, certamente, quando for a uma reunião no andar de baixo.)

Sinal 3 O psicopata gostará de vasculhar sua mesa ou seu computador desbloqueado em busca de quaisquer indícios de pontos fracos na sua personalidade. No ímpeto de avaliar se você poderá ser útil, não respeitará sua privacidade nem seus limites pessoais. Uma bolsa, uma gaveta, uma caixa de e-mail ou até mesmo mensagens de texto – nada é sagrado para ele.

Nosso novo funcionário – vamos chamá-lo de Rob – instalou-se rapidamente. Mas, para sua decepção, depois de algumas semanas, ele não a convida mais para almoçar, mas parece que está saindo com a telefonista da empresa várias vezes por semana.

Sinal 4 Não se surpreenda se, de repente, você estiver sendo trocada por alguém por quem você nunca imaginou que seu colega de trabalho pudesse se interessar. Os psicopatas corporativos têm como alvo não apenas os poderosos, mas aqueles que têm acesso ao poder. Neste caso, Rob viu o potencial de "peão" da telefonista e quer que ela revele as conversas mais importantes do chefe e das pessoas de quem ele recebe mais telefonemas.

(E não é porque você esteja fazendo fofoca, mas não pôde deixar de notar que, quando ele e a telefonista voltam do almoço, eles estão um pouco "descompostos"...)

Sinal 5 A sedução é apenas outra arma que o psicopata usa para obter poder, e a regra "é proibido relacionamento amoroso entre colegas de trabalho" não será sequer considerada. Ele considera o sexo com seus subordinados uma das vantagens do trabalho. Rob dormirá com a telefonista – mas ela será apenas mais uma naquele mês.

Depois, quando o gerente do departamento se ausentar, ele tomará para si a tarefa de presidir as reuniões de equipe. Logo estará se referindo ao presidente com familiaridade – Rob tem lhe enviado e-mails com algumas ideias complexas sobre como a empresa poderia adotar novas tecnologias. Parece que ele está a caminho de outra promoção.

Sinal 6 Psicopatas são estimulados pela mudança e, muitas vezes, são bons, pelo menos aparentemente, em adotar novas tecnologias – isso faz com que pareçam empreendedores e inovadores. Pelo fato de ninguém entender desses novos dispositivos e processos, eles podem falar de forma convincente, sem enfrentar muitas perguntas difíceis. Sem dizer que psicopatas corporativos mudam de departamento com frequência – em geral, porque foram promovidos, uma vez que seu desempenho na atual função impressionou bastante a diretoria. Mas também porque reconhecem a necessidade de sair antes que todas as pessoas em quem eles pisaram ou que foram usadas se unam contra eles. Eles sabem que só conseguem dizer que fazem, em alto e bom som, mas não fazer o que dizem, e que um dia isso virá à tona. Quando as fantásticas propostas de Rob para modernizar os métodos de trabalho de seus departamentos viraram um caos, ele já estava desfrutando de seu novo cargo, mais bem remunerado, e quem levou a fama de incompetente foi seu antigo gerente.

Um dia, o chefe convoca todo mundo para uma reunião: "Temos enfrentado momentos difíceis ultimamente e pedimos que vocês abram mão do reajuste de salário este ano. É a única maneira que a empresa tem de sobreviver. Os bônus também praticamente deixarão de existir e não haverá mais reembolso de despesas. Sei que a notícia não é boa, mas vocês terão de aguentar firme. Não que não existam outros trabalhos lá fora, mas pelo menos vocês ainda têm um salário."

Mas, para sua surpresa, Rob reage muito mal. Ele invade a sala do chefe e, depois de uma gritaria, sai rispidamente. O chefe, finalmente, aparece pálido e trêmulo: ele não só teve sua hierarquia desrespeitada, mas também percebeu tardiamente que Rob vinha pedindo grandes reembolsos de despesas e, de alguma forma, persuadiu o presidente a lhe dar um bônus adiantado um mês antes. Mas nenhuma dessas medidas atenuaria os grandes prejuízos que a empresa vinha sofrendo. Era tarde demais. E, desde esse dia, ninguém mais viu Rob novamente, tampouco alguém ouviu falar dele.

Sinal 7 Os psicopatas não têm ética empresarial – eles não entendem o que quer dizer trabalhar "para o bem da empresa", e você nunca vai ouvi-los dizer que não existe "eu" em equipe. Eles simplesmente acham que lealdade é coisa de "perdedor". Se não conseguem obter o que querem, ou são derrotados, simplesmente caem fora, e muitas vezes de forma inconsequente. Agora que Rob não consegue mais reivindicar o reembolso de enormes gastos e não recebe mais bônus, ele não tem mais nenhum interesse em permanecer no cargo. Se você ficou surpreso com o fato de Rob, inadvertidamente, ter revelado suas trapaças, não fique. Lembre-se: os psicopatas são criaturas impulsivas e, apesar de tudo, Rob agora tem muito material novo para enriquecer ainda mais seu brilhante currículo.

Geralmente ninguém faz muito carnaval sobre isso, talvez até deem uma carta de recomendação bastante decente a Rob. Afinal, o presidente não vai querer admitir que tivesse se deixado levar por seu charme e sua lábia envolvente. Apesar de deixar o emprego sem ter outro à vista, em pouco tempo Rob estará de volta às salas de entrevistas para impressionar outras pessoas com suas palavras confiantes.

A empresa internacional de serviços profissionais PriceWaterhouse-Coopers (PWC) tem realizado levantamentos de crimes econômicos globais a cada dois anos, desde 2003, pedindo informações a mais de 5 mil empresas sobre fraudes fiscais cometidas por funcionários. Essa pesquisa dá uma visão abrangente do crime corporativo em escala mundial. Como resultado, a PWC elaborou uma lista de recomendações para as empresas. Eles sugerem que a administração esteja alerta a qualquer executivo que:

- participe de atividades que indiquem falta de integridade (*presença frequente em casas de striptease e lançamento de grandes compras de cocaína nas despesas provavelmente indicariam certa falta de integridade – mas muitas vezes ouvimos que essas formas de entretenimento são comuns nas grandes corporações ou que são até mesmo incentivadas como parte do "networking" profissional*);
- tenha propensão a se envolver em empreendimentos especulativos ou a aceitar riscos de negócios extraordinariamente elevados (*no*

entanto, as empresas mais lucrativas são as que assumem os maiores riscos; veja os fundos de hedge – com certeza, eles procuram pessoas dispostas a aceitar "riscos extremamente elevados");
- tenha dificuldade no cumprimento de exigências legais e normas regulatórias *(embora alguém que esteja muito familiarizado com o manual de políticas e procedimentos possa ser rotulado de "chato" ou encrenqueiro em potencial);*
- seja evasivo, não coopere ou desrespeite a equipe de auditores *(Quem já foi gentil com auditores?);*
- não tenha um histórico comprovado *(infelizmente, é difícil detectar psicopatas dessa forma – eles raramente são barrados por algo tão simples como referências falsas).*

Embora essa seja uma lista útil, ela também demonstra que algumas características potencialmente problemáticas são valorizadas quando se trata de sucesso no meio empresarial. Provavelmente não era bem esse o objetivo da PWC.

NICK LEESON – O HOMEM QUE QUEBROU UM BANCO

Nick Leeson ganhou fama – e uma longa pena de prisão – como o homem que, sozinho, quebrou o banco Barings em 1995. O banco foi declarado insolvente depois de atingir perdas de 827 milhões de libras: o dobro do seu patrimônio líquido. Nada mal para um rapaz de Watford que começou como funcionário do banco Coutts, ao sair da escola dez anos antes.

Em 1992, já no Barings – o "banco da rainha" –, em apenas três anos Nick foi nomeado gerente-geral de uma nova operação nos mercados de futuros na Singapore International Monetary Exchange [Bolsa Internacional de Cingapura] (SIMEX), onde o banco tinha uma cadeira no conselho. Mas será que havia sinais de alerta que, se tivessem sido percebidos, poderiam ter levado o banco a agir de forma diferente? De acordo com Judith Rawnsley, em seu livro sobre o escândalo Leeson, *Going For Broke*,[5] antes de ir para Cingapura, Nick tivera a licença de corretor da Cidade de Londres negada no Reino Unido por causa de uma imprecisão em seu cadastro. Quando lhe perguntaram se ele tinha alguma condenação, Nick disse que não. Mas, ao realizar uma verificação de rotina, a Securities and Future Authority, responsável pela concessão de licenças, encontrou uma sentença contra ele em nome do National Westminster Bank no valor de 2.426 libras, ainda não pagas. O Barings foi informado disso pelo SFA, mas logo depois, quando Nick foi enviado a Cingapura, não houve nenhuma menção a isso quando solicitou uma licença para atuar no Extremo Oriente.

Um pequeno sinal de alerta, mas potencialmente significativo – para dizer o mínimo – que alguém deixou passar.

Nick rapidamente começou a fazer operações especulativas não autorizadas que, no início, valeram a pena – com resultados de 10 milhões de libras, ele foi responsável por 10% dos lucros internacionais do Barings naquele primeiro ano, conquistando para si um bônus de 130 mil libras além de seu salário de 50 mil libras.

Mas não durou muito. Logo, Nick foi forçado a usar uma das "contas de erro" (conta usada para corrigir erros) do Barings para esconder suas perdas. As perdas continuaram a crescer – 208 milhões de libras até o final de 1994.

Depois da falência do Barings, soube-se que, em outubro de 1994, Nick passou uma noite na cadeia por mostrar o traseiro a duas mulheres e que o Barings ajudou a encobrir a história, que, se não fosse isso, apareceria em uma coluna de fofocas no *The International Financing Review*.[6] As atividades criminosas de um dos seus funcionários, ainda que pequenas, deveriam ter colocado o Barings em estado de alerta – no mínimo, ele deveria ter sido observado mais de perto, a partir de então.

Finalmente, em janeiro de 1995, Nick perdeu o que era essencialmente uma aposta maciça na Bolsa de Valores japonesa. Ao fugir, ele deixou para trás as dívidas fora de controle e um bilhete que dizia "Sinto muito". Ele foi preso após uma semana e condenado a seis anos e meio de detenção na prisão de Changi, em Cingapura. Cumpriu três anos e meio e foi libertado mais cedo por razões de saúde.

Agora, casado pela segunda vez, Nick é presidente de um clube de futebol na Irlanda, publicou livros sobre sua época de "fraude" (um dos quais foi transformado em filme, *A Fraude*, estrelado por Ewan McGregor) e é bastante requisitado para ministrar palestras. É possível obter informações atualizadas sobre ele em seu site, onde ele admite que tem "lucrado com suas experiências".

Talvez Nick tenha mais consciência de si do que pensamos: em 2001, ele começou a fazer um curso de psicologia.

VOCÊ CONSEGUE IDENTIFICAR O PSICOPATA AGORA? E ELE CONSEGUIRIA GANHAR *O APRENDIZ*?

Leia as descrições e atribua uma pontuação a cada possível novo funcionário da empresa de Lorde Sugar, conforme a sua opinião a respeito de ele ser:

0 = um colega com quem você gostaria de dividir uma mesa de trabalho ou tomar uma cerveja

1 = alguém que só cuida dos próprios interesses

2 = Se existe um psicopata corporativo, ele é um deles

Há quatro concorrentes na série, cada um deles marcado como "Deve ser observado":

    a)   James Kendall. Bonito e inteligente, James está sempre vestido com um terno de corte perfeito. Ele fala bem e tem um currículo impecável, que inclui um bom diploma, uma temporada de dez anos em uma empresa de consultoria respeitada e rápida ascensão profissional.

b) Sarah Silversmith. Sarah tem cabelos bem cuidados, roupas perfeitas que destacam sua silhueta e uma coleção de sapatos de salto alto de grifes. Ela se formou com distinção e tinha sua própria empresa – de consultoria de marcas –, que foi vendida no ano passado por 1,2 milhão de libras.

c) Dave Witchell. Com um penteado descontraído e uma carinha de bebê, Dave era o queridinho da equipe de produção antes do início das gravações do programa. Seus ternos não são exatamente surrados, mas parecem estar sempre um tanto desalinhados. Além disso, de tanto Dave andar com as mãos enfiadas nos bolsos, eles acabaram ficando deformados. Qualquer pessoa que esteja por perto é sempre uma plateia para suas histórias, seus casos pitorescos e seu flerte hesitante. O que havia no seu currículo? Ninguém consegue se lembrar, mas causou ótima impressão quando foi lido.

d) Jane Goodall. Saia lápis e camisa branca baratas compõem seu uniforme. Ela nunca fala sobre sua vida pessoal ou sua família. Mas conseguiu subir na carreira e, em seu último emprego, foi promovida a gerente regional de vendas, logo depois de se inscrever para participar do programa da BBC.

Nas entrevistas iniciais da BBC, os participantes tinham de responder à seguinte pergunta: "Por que devemos escolher você para participar do programa?"

a) James Kendall disse: "Porque sei que sou o melhor candidato que este programa já teve. E ninguém mais do que eu quer ganhar."
0   1   2

b) Sarah disse: "Porque eu posso elevar o nível deste programa – Lorde Sugar pode aprender comigo também, com o sucesso que tive até agora."
0   1   2

c) Dave disse: "Puxa! Provavelmente vocês não vão me escolher. Mas faço chá muito bem." (E, então, ele piscou para o pesquisador.)
0   1   2

d) Jane disse: "Porque tenho batalhado por uma oportunidade como esta desde os 16 anos e não vou deixá-la escapar."
0   1   2

Pouco antes do início das filmagens, os concorrentes são convidados a se encontrar informalmente com Lorde Sugar, Nick e Karen.

a) James se dirige firmemente a Lorde Sugar e tenta conversar com ele sobre presidentes de empresas conhecidos de ambos. Lorde Sugar não se impressiona, mas não consegue se esquivar.
0   1   2

b) Dave descobre que ele e o filho de Nick frequentaram a mesma escola e que suas mães têm o mesmo nome. Ele diz a Nick que sempre foi seu admirador; certamente, Nick deveria estar lucrando mais com suas aparições em *O Aprendiz* do que Lorde Sugar.
0   1   2

c) Sarah aproxima-se de Karen e pergunta se, por acaso, seu batom é o Mac Really Red. É... E elas têm uma longa conversa sobre dicas de beleza, que Karen aprecia muito. Todo mundo é sempre tão sério com ela...
0   1   2

d) Jane se apresenta aos outros concorrentes, anota mentalmente o nome de todos e tenta descobrir do que eles gostam e não gostam. Seus modos são um pouco grosseiros, sem muito charme, e alguns deles levam as pessoas a fazerem um julgamento enganoso a seu respeito.

0   1   2

Na primeira tarefa, os concorrentes são orientados a comprar peixe em um mercado logo pela manhã e vendê-lo com lucro para restaurantes. James é o líder da tarefa de sua equipe.

a) De volta à casa do Aprendiz, James imediatamente monta um "escritório" temporário e envia Sarah e Jane para o mercado. Ele, então, passa o restante da tarefa ligando para Relações Públicas para discutir a melhor forma de lançar sua nova empresa de peixes.

   0   1   2

b) Sarah assume o comando no mercado – envia Jane para verificar o preço em todas as bancas, enquanto toma café com o gerente-geral do mercado.

   0   1   2

c) Dave liga para uma chefe de cozinha loura e charmosa conhecida dele e diz para Sarah acertar todos os detalhes da venda. Em seguida, ele, James e Sarah saem para um longo almoço de comemoração.

   0   1   2

d) Jane confere todos os preços, compra o peixe pelo segundo preço mais barato e vende tudo para o contato de Dave (como Sarah pediu que ela fizesse).

   0   1   2

Na sala de reuniões, Lorde Sugar chamou Dave, James, Sarah e Jane – todos da equipe perdedora. (Acontece que o peixe era de má qualidade e a chefe se recusou a efetuar a compra.)

a) James diz. "Todos me afirmaram que não havia problemas. Eu estava batalhando para conseguir publicidade para o negócio. Aquele restaurante cometeu um grande erro."
0 1 2

b) Dave diz: "Puxa! Afinal, eu deixei tudo organizado para a venda... A única coisa que os outros tinham de fazer era verificar se o peixe estava fresco. Estou muito decepcionado. Eu realmente sinto que me deixaram na mão."
0 1 2

c) Sarah diz: "Em primeiro lugar, se não fosse por mim, Jane não teria sequer encontrado o mercado, nem saberia o que fazer ao chegar lá. Bem, Dave não nos contou que a venda não tinha sido concluída."
0 1 2

d) Jane diz: "Fui enganada pelo peixeiro."
0 1 2

No meio da disputa, os concorrentes e a equipe saem juntos numa noite. É uma chance para esfriar um pouco os ânimos.

a) Sarah fica bêbada, começa a reclamar de outras moças em voz alta no banheiro feminino e, em seguida, dá o número do seu celular para o operador de câmera.
0 1 2

b) Dave leva Nick e o produtor para um canto, empanturra-os com uísque e charutos, e logo eles estão jogando pôquer em um cassino com as despesas pagas pelo produtor da BBC. Quando deixa o produtor em casa – bêbado demais para ficar em pé sozinho –, ele passa uma discreta cantada em sua esposa.
0 1 2

c) Jane se recusa a tocar em bebida e volta para casa perto das 22 horas para recuperar o sono atrasado.

0   1   2

d) James pede um grama de cocaína e dá uma cheiradinha rápida no banheiro com a jovem pesquisadora. Dave já tinha lhe dado a dica de que ela era fácil.

0   1   2

No final do programa, nossos "heróis" são os finalistas. Lorde Sugar faz um resumo das qualidades dos candidatos antes de tomar sua decisão.

a) "James, você é inteligente. Tem jeito para o negócio. Você esbanjou charme e fez algumas vendas inteligentes. Mas acho que está querendo inflar meu ego, e eu não gosto disso."

0   1   2

b) "Sarah, você sabe onde pisa, não há dúvida quanto a isso. Mas fala demais. Acho isso irritante. E você se saiu bem lá fora, então, eu me preocupo. Por que você faz isso? Você está muito enganada se acha que pode me ensinar alguma coisa, eu sou macaco velho."

0   1   2

c) "Dave, você é um cara popular. Nick batalhou por você, embora eu tenha visto você aqui nesta sala de reunião mais vezes do que gostaria de me lembrar. Mas eu confio em Nick. Por esse motivo, vou confiar em você. Você me parece o tipo de sujeito que consegue se virar muito bem. Em muitos aspectos, você faz eu me lembrar de mim mesmo quando era jovem."

0   1   2

d) "Jane, você é batalhadora. Está ansiosa por se tornar alguém... Eu gosto disso. Às vezes, você fala muito, mas sabe o que está dizendo. Não há nada de errado com você."

0   1   2

VOCÊ CONSEGUIU IDENTIFICAR O PSICOPATA?

DAVE é o nosso psicopata. Ele é a mais traiçoeira das nossas cobras corporativas. Encantando aqueles que podem ajudá-lo e evitando o trabalho sempre que possível; seus ternos surrados e a gagueira escondem seu grande ego.

JAMES possivelmente é um psicopata corporativo de baixo grau – ele só age em seu próprio benefício, mas, com seu comportamento imprudente e sua busca por emoções, acaba sabotando a si mesmo.

SARAH poderia marcar um ou dois pontos na escala PCL-R – provavelmente estaria disposta a manipular qualquer pessoa que conseguisse encantar (mas pouquíssimas pessoas se deixam encantar por ela).

JANE definitivamente não é psicopata – está apenas desesperada para vencer e mudar de vida, mas provavelmente só fará carreira como o bode expiatório que trabalha muito e é impopular.

RESUMO E ACONSELHAMENTO

No ambiente profissional, o psicopata é um animal astuto. Ele sabe que seus novos colegas vão achar que ele é um cara normal, com as qualificações adequadas para o trabalho. Usando isso a seu favor, ele aperta sua mão enquanto o esfaqueia pelas costas. Sem querer, você será um peão à sua disposição – conseguindo as informações de que ele precisa e, em troca, desfrutando as glórias dele. Pisando nos otários enquanto marcha rumo ao topo, ele entra furtivamente na sala do chefe, ou até mesmo toma o lugar dele. Em seu jogo, os patronos podem ser suficientemente inteligentes para chegar ao topo – mas não tão inteligentes que também não possam ser enganados. Além do mais, mesmo que acabem percebendo isso, muitos não estarão dispostos a admitir que se deixaram enganar. E o psicopata simplesmente passará para a próxima vítima.

Se você leu com cuidado, saberá quais são os sinais de alerta. Mas o que você pode fazer a respeito disso?

- Em primeiro lugar, não rotule seu colega de psicopata. Essa atitude pode caracterizar *bullying* e não ajudará em nada. Em vez disso, concentre-se em construir e manter relacionamentos sólidos com seus outros colegas para dificultar a intervenção e a manipulação do psicopata.
- Conheça todas as políticas e as práticas de sua empresa e verifique quais são suas opções caso precise reclamar de alguém. Guarde suas reclamações para coisas importantes, pois assim elas terão mais chance de ser levadas em consideração.
- Seja transparente em sua maneira de trabalhar – sempre diga às pessoas envolvidas o que você está fazendo e guarde cópias de todos os documentos, das atas de reuniões, etc. (assim você não será o "bode expiatório" se algo der errado).
- Esqueça a lei da reciprocidade, que diz que, se alguém disser ou fizer algo de bom para você, o favor terá de ser retribuído. Psicopatas espertos sabem disso e usam isso a seu favor. Se um colega de trabalho psicopata lhe der informações confidenciais ou lhe contar uma fofoca, uma dica ou apenas algumas informações aparentemente sigilosas, sorria com delicadeza, mas não se sinta na obrigação de retribuir.
- Fique longe de fofocas de escritório. Faça a sua avaliação das pessoas com base em sua própria experiência.
- Se você acha que um membro da equipe é do tipo que só fala e não age, coloque-o em ações discretas ou lhe atribua pontos de resultado (em vez de gastar conversa que, na verdade, não leva a nada). Em seguida, documente tudo e analise mais tarde.

3

SEU CHEFE É PSICOPATA?

Os chefes psicopatas provavelmente são os psicopatas mais perigosos que existem. Não apenas por qualquer crime que possam ter cometido, mas porque é nesse papel que eles estão mais disfarçados: muitas das principais características psicopáticas desses profissionais são as mesmas de um líder empresarial bem-sucedido. Na verdade, nós admiramos alguns desses traços, uma vez que os consideramos necessários para vencer na área dos negócios, mas recomendamos precaução quando os identificamos em outras pessoas.

O chefe psicopata pode ser o CEO de uma grande corporação que dita a ética da empresa e sua responsabilidade com os acionistas. Ou um milionário que tem um grande número de empregados. Em ambos os casos, as consequências dos atos psicopáticos terão um grande alcance: seja porque a empresa polui o ambiente por meio de condutas desonestas, mente para seus acionistas ou deixa de honrar os contratos com os funcionários.

Se o seu chefe é psicopata, provavelmente você trabalha para uma empresa muito bem-sucedida, mas os riscos serão altos. Pode haver algumas recompensas extraordinárias no curto prazo, sobretudo para aqueles que trabalham no setor financeiro, pois o chefe psicopata faz jogadas arriscadas que podem ser vantajosas. Mas não convém colocar toda a sua segurança financeira nas mãos do seu chefe.

Trabalhar para David Winner era um privilégio. Eu não conseguia acreditar na sorte que tivera de arrumar um emprego na empresa dele, a Winner Takes All. Ele havia começado com um pequeno negócio 35 anos antes, importando tapetes do Marrocos e vendendo para grandes hotéis londrinos – na época, ele tinha apenas 19 anos. Mais tarde, comprou um hotel e o transformou em um cinco estrelas de sucesso e, a partir disso, criou uma cadeia internacional. Ele comprou também uma pequena empresa de mídia e atualmente dirige vários canais de televisão – ou tem grande participação neles –, três revistas e um jornal. David tem diversas propriedades dentro do país e no exterior, e sua empresa tem notáveis contratos de patrocínio. A marca WTA tem o toque de Midas – tudo o que o seu dono toca vira ouro. E você devia ver sua nova esposa – é lindíssima e tem a metade da idade dele.

Fui contratado para trabalhar no escritório dele – apenas como contínuo, no começo. Eu estava muito entusiasmado. Eu tinha de providenciar para que seu café pela manhã fosse servido do jeito que ele gostava. Às vezes, ele mudava de ideia e ficava furioso quando eu não percebia que aquele era dia de café com leite desnatado e não cappuccino com duas doses de café, mas eu não me importava. Não se pode esperar que alguém como ele, um bilionário com milhares de funcionários, que fecha grandes negócios todos os dias, seja sempre educado. Às vezes, eu ficava constrangido na frente das outras pessoas, mas em outras ocasiões ele era surpreendente. Uma vez, eu estava em uma reunião quando ele apontou para mim e disse: "Estão vendo esse 'crânio' aqui? Vou dar um carro de presente para ele como bônus. Como vocês podem ver, nós estamos indo muito bem." E, então, ele me disse para sair e comprar um carro esporte. É claro que eu não podia ir – eu nem tinha cartão de crédito, e depois disso ele não tocou mais no assunto. Eu não quis lembrá-lo, mas isso revelou como ele podia ser generoso, não é? Portanto, foi um grande choque quando descobrimos que ele tinha usado todo o dinheiro dos fundos de pensão para pagar suas contas. Por mim, tudo bem, eu ainda sou jovem. Mas sinto-me muito mal quando penso nos funcionários mais velhos que não terão nada na sua velhice. Porém não foi um desperdício de tempo – eu o estudei. E um dia vou chegar aonde ele chegou. Até já comecei a vender tapetes.

John, 22 anos, ex-funcionário

No meu primeiro dia de trabalho, David Winner me disse para chamá-lo de "Dave". Fui contratada como sua secretária particular. A agência me alertara de que ele havia tido sete secretárias nos últimos dois anos, mas desde o começo achei-o encantador. Sua agenda estava sempre lotada, mas toda semana ele encontrava um tempinho para me levar para tomar um drinque perto do escritório e ter certeza de que estava tudo bem comigo. Costumávamos fofocar um pouco sobre todo mundo no escritório, porque quando se é secretária particular as pessoas costumam vir até você e reclamar do patrão, mas eu era leal a Dave. Então, numa noite, no final da semana, ele trancou a porta da sala e pegou uma garrafa de champanhe. De algum modo, ele ouviu dizer que eu havia terminado meu namoro e foi me consolar. Não demorou muito para que eu estivesse chorando no seu ombro e, quando me dei conta, estávamos fazendo sexo.

Na segunda-feira pela manhã, agimos de maneira absolutamente profissional, mas isso se tornou uma rotina. Ele nunca me procurava fora do escritório, mas eu não me importava. Ele sabia como compensar – de vez em quando, tinha um presentinho esperando por mim. Da minha parte, eu era bastante discreta e, obviamente, não dizia nada à mulher dele quando ela telefonava. Para ser honesta, acho que eu me divertia com aquela situação, e sei que Dave também. Uma vez, sabendo que a esposa estava ao telefone comigo, ele colocou a mão por baixo da minha saia e a manteve lá depois que passei a ligação. Então, um dia, encontrei uma moça aos prantos no toalete feminino. Ela trabalhava no departamento de marketing e tinha descoberto que estava grávida. Tentei consolá-la, e ela me disse para não contar para ninguém, mas que o filho era de Dave e ele tinha lhe dito para fazer um aborto. A moça não sabia o que fazer. Fiquei arrasada. Estava claro que eu não era ninguém especial para ele. No dia seguinte, pedi demissão. Nunca mais soube dele.

Jane, ex-secretária

Dave e eu frequentamos a mesma escola, e hoje sou casado com a irmã dele. Ele costumava caçoar de mim, dizendo que eu era cê-dê-efe, mas tirei meu diploma de contabilidade e fui trabalhar com ele. Dave explicou que meu trabalho era garantir que ele ganhasse dinheiro. Eu tinha um talento especial para encontrar brechas na legislação tributária. Da minha parte, tudo era feito rigorosamente dentro da lei. Porém, quando um contrato valia milhões, ele dizia que era demais para mim e que ele mesmo cuidaria dos detalhes. Ele tinha várias contas bancárias – uma delas, na Suíça – e diversos "sócios" eram nomeados diretores. Como eu disse, nada era ilegal, mas é impressionante o que se pode manter fora dos registros contábeis quando se sabe o que fazer. Sei que parece escandaloso – o que ele fez com os fundos de pensão –, mas ele só estava tomando dinheiro emprestado de si mesmo para fechar novos negócios. Esses negócios lhe renderiam um bom lucro e ele reporia o dinheiro que tinha tomado emprestado. Foi apenas azar o fato de seu último negócio não ter dado certo – quem é que ia imaginar que uma fábrica de vodca russa poderia falir? Dave é um bom sujeito. Ele não queria decepcionar todos os seus funcionários. Ele se sente muito mal com tudo isso e diz que, quando sair da cadeia, vai procurar um por um pessoalmente para pedir desculpas.

Keith, gerente de contabilidade e cunhado

A maioria de nós trabalha todos os dias, diligentemente, na esperança de que, se mantivermos a cabeça baixa, atingirmos nossas metas e ficarmos do lado dos nossos colegas, manteremos nosso emprego, ou até mesmo seremos promovidos, com direito a um pequeno aumento de salário. Pagamos a prestação do carro e o financiamento da casa. O mais perto que chegamos de ter um avião particular para nos levar até nossa ilha particular é quando compramos um bilhete de loteria.

Às vezes, esperamos que nossos sonhos transformem-se em realidade – quem sabe se não escreveremos um *best-seller* ou não receberemos uma herança de um parente distante? Mas, no fundo, sabemos a verdade: as pessoas que ganham fortunas, que vivem em mansões e gastam dinheiro a rodo são as que assumem grandes riscos.

Multimilionários como Richard Branson, Donald Trump, Bernie Ecclestone, Bill Gates e o anti-herói que mencionamos acima, "Dave Winner", não chegaram onde estão obedecendo a ordens e aceitando não como resposta. Eles chegaram lá por meio de ambição e imaginação ousadas, astuciosas e implacáveis. Alguns homens sonharam em erguer impérios – e conseguiram.

Nenhuma das pessoas mencionadas anteriormente é psicopata (exceto Dave), mas é interessante observar como muitos empresários de sucesso têm alguns traços em comum com os psicopatas. Na verdade, não é preciso nem ser um poderoso bilionário e morar em um apartamento de cobertura para ter traços de psicopata. Basta ser um alto executivo.

TER UM TRANSTORNO DE PERSONALIDADE PODE AJUDAR UMA PESSOA A GALGAR POSTOS NA EMPRESA?

Um estudo realizado por Belinda Board e Katarina Fritzon, da *Surrey University*,[7] avaliou a existência de justaposição da personalidade de executivos, pacientes psiquiátricos e criminosos internados em hospitais psiquiátricos (psicopatas e doentes psiquiátricos). As autoras descobriram que três de onze transtornos de personalidade eram encontrados com mais frequência em executivos do que em criminosos portadores de distúrbios. Dois desses distúrbios têm muito em comum com a psicopatia:

- Transtorno da personalidade histriônica (caracterizado por busca constante de atenção, expressões teatrais de emoção e necessidade de excitação). Os portadores desse transtorno em geral são sedutores e extremamente manipuladores; eles costumam ser identificados por suas mudanças de humor estonteantemente rápidas e seu estilo de linguagem dramático, porém vago.
- Transtorno da personalidade narcisista: grandiosidade; egocentrismo; falta de empatia; exploração e independência (veja o Capítulo 1).

OS SETE SINAIS DO CHEFE PSICOPATA

O mais fascinante sobre nossos psicopatas "bem-sucedidos" é que eles são admirados tanto por seus traços psicopatas como por seu saldo bancário. O que um psicólogo chamaria de "falta de consciência" poderia ser facilmente descrito como "determinação ferrenha de vencer a qualquer preço". Pense nisso. Vamos analisar um vitorioso executivo da área de publicidade – o diretor de criação de uma grande empresa. Vamos chamá-lo de Hank Hudson.

Hank acabou de ganhar um prêmio de muito prestígio por sua última campanha publicitária e, consequentemente, foi matéria de destaque em um jornal de circulação nacional. Lendo alguns trechos, é possível identificar os possíveis sinais de psicopatia – mas é preciso ler atentamente. O jornalista acredita claramente que Hank é a soma de suas partes, cada uma das quais representa um requisito necessário para se tornar um homem rico e vitorioso.

> Hank Hudson, 43 anos, pode ser o diretor de criação da Muck & Brass, com as longas horas de trabalho burocrático que seu sucesso requer, mas, com sua tremenda energia, ele sempre acha tempo para praticar seu passatempo predileto: heli-esqui. Não o bom e velho heli-esqui, mas sempre fora das pistas, na neve virgem. Seu rosto se ilumina quando ele conta que, certa vez, foi deixado pelo helicóptero à noite, sozinho, e teve de esquiar três horas até encontrar o chalé mais próximo.
>
> Ele não deixa a adrenalina do risco extremo para trás nem quando atravessa a porta do escritório. Um colega se lembra de que, uma vez, Hank arriscou centenas de milhares de libras da Muck & Brass ao alugar um *outdoor* na praça Piccadilly Circus, em Londres, do qual se utilizou para dar o seu recado. Espantosamente, Hank não apenas ganhou a conta, mas o cliente se ofereceu para pagar o espaço.

Sinal 1 Os psicopatas precisam de estímulo. Talvez por causa da incapacidade que eles têm de se contentar com as emoções normais. Eles precisam de emoções mais fortes do que o resto dos mortais para alcançar esse limiar crítico em que realmente se divertem. Eles têm uma grande propensão a ficar entediados e, quando têm condições de bancar, gostam de praticar esportes radicais. Quanto mais perigoso, melhor. E o mundo dos negócios é apenas outro tipo de esporte, o *frisson* que eles sentem ao "correr atrás do negócio" pode ser ainda mais gratificante para o psicopata do que o momento em que o negócio realmente produz resultados.

Hank sempre soube que estava predestinado a grandes realizações. Quando tinha apenas 15 anos de idade, largou seu primeiro emprego como colocador de carpetes e disse ao patrão que ia abrir uma empresa concorrente. Depois de um ano, ele tinha atingido esse objetivo.

Sinal 2 Não há dúvida de que, em sua maioria, os milionários que venceram por esforço próprio não chegariam aonde chegaram se não fossem extremamente sonhadores. Provavelmente foram acusados de querer alcançar o inalcançável. Quem teria acreditado no jovem *Sir* Richard Branson se ele dissesse que pretendia ter sua própria ferrovia, sua própria companhia de aviação e sua própria ilha? Ou não teria rido do estudante britânico Alex Tew, que, aos 21 anos de idade, decidiu se tornar um milionário praticamente da noite para o dia ao vender os *pixels* do seu website (os minúsculos pontos luminosos que compõem o monitor do computador) por um dólar cada. Ele realmente ficou milionário. As propostas de um jovem empreendedor que não se prende a convenções nem impõe limites podem ser interpretadas como evidências de "metas irrealistas" por um psicólogo que esteja aplicando um teste de psicopatia, mas são vistas de forma positiva como "ideias criativas" no mundo empresarial.

"A verdade nua e crua é que sou o melhor diretor de criação que existe e a Muck & Brass é a melhor agência de publicidade do mundo. Os clientes não nos escolhem – nós é que os escolhemos. Se um cliente não gosta da campanha que criei para ele, então não estou interessado em trabalhar com alguém tão bitolado. Sim, já 'despedi' um ou dois clientes." E, com isso, Hank dá uma gargalhada, recosta-se na cadeira e acende um charuto. É difícil ver alguém com tanta autoconfiança, mas sem ela provavelmente ele ainda seria um executivo de contas júnior.

Sinal 3 Como sabemos, sentimento de grandeza e infalibilidade é comum em psicopatas, mas é uma característica essencial quando estamos falando desse tipo de executivo em particular – homens e mulheres. A convicção com que os megalomaníacos vendem sua mercadoria pode beirar o delírio, sobretudo se estiverem tentando vender gelo para os esquimós. Mas autoconfiança também é um instrumento poderosíssimo. Uma autoconfiança inabalável pode acabar convencendo até mesmo o mais cético dos esquimós de que seus argumentos têm uma base sólida e de que eles precisam daquilo que você está vendendo! Da próxima vez em que ouvir um jovem fanfarrão, pergunte a si mesmo: será que ele é psicopata ou está na rota do enriquecimento?

Um ex-patrão de Hank lembra-se de que ele parecia nunca sucumbir diante da pressão. Mesmo quando foi repreendido severamente por ter gastado milhares de libras da empresa para "entreter" clientes em um famoso clube de *striptease*, a expressão do seu rosto permaneceu impassível. Os berros de um cliente ao telefone, reclamando que a colocação de um anúncio estava totalmente errada, não o fizeram mexer um músculo sequer. Foi graças a essa calma na linha de fogo que ele conseguiu manter seus clientes atuais, mesmo com o país nas garras de uma forte recessão.

Sinal 4 O que o ex-patrão de Hank vê como calma, um psicólogo chama de incapacidade de sentir qualquer emoção profunda. Trocando em miúdos, a razão de Hank não sucumbir ou permanecer impassível é que ele não sente nada. Ele nem pestaneja.

> Em geral, todos nós piscamos defensivamente quando estamos assustados. Experiências realizadas em laboratório revelaram que as pessoas normais levam um grande susto ao ouvir ruídos repentinos quando estão assistindo a imagens desagradáveis ou ameaçadoras. Por outro lado, os psicopatas nem se abalam.[8]

Isso não quer dizer que a luta de Hank para chegar ao topo não tenha lhe deixado algumas cicatrizes. Apesar da sua grande lealdade a alguns auxiliares – a secretária de Hank trabalhou com ele durante quatorze anos –, outros são apenas "corpos espalhados pelo campo de batalha". Um dos diretores da Muck & Brass, que prefere permanecer no anonimato, lembra-se da época em que o irmão de Hank trabalhava em uma agência concorrente e estava em plena negociação para fechar contrato com uma grande empresa de refrigerantes. Hank convidou o irmão para jantar, embebedou-o e fez com que ele admitisse que os refrigerantes dessa empresa eram "horríveis, refrigerantes baratos... eu não beberia nem se me pagassem". Ele gravou tudo. Na semana seguinte, Hank tinha a conta do cliente. O diretor admite que esse tipo de comportamento é bastante desprezível, mas, ao mesmo tempo, diz que, "sem a disposição de Hank para vencer custe o que custar, hoje essa empresa não seria cliente deles – a segunda maior agência de publicidade do mundo."

Sinal 5 O que o bajulador chama de "disposição para vencer a qualquer preço", um psicólogo chamaria de "falta de consciência". Você já ouviu a expressão "Ele venderia a própria mãe..."? Essa é a atitude do psicopata superambicioso. Ele não sente culpa nem remorso nem vergonha. Se um psicopata parece ser leal a alguém, é só porque ele sabe que essa pessoa poderá ser útil a longo prazo. Hank teve a mesma secretária durante quatorze anos. Ele era simpático com ela porque sabia que precisaria de alguém que lhe desse respaldo.

O primeiro chefe direto de Hank na Muck & Brass falou sobre o dia em que contratou Hank – como executivo de contas júnior. "Nós apertamos as mãos e eu disse que estava ansioso para que ele começasse a trabalhar na segunda-feira. 'Mas teremos uma reunião bem cedo com o gerente do departamento de Recursos Humanos', completei. 'Ah, você se refere a Julie Peasgood?', perguntou Hank. Surpreso, eu disse que sim. Acontece que Hank tinha se candidatado nove vezes ao cargo. No final, Julie estava cansada e aceitou que ele fizesse uma entrevista comigo. Esse cara simplesmente não tem medo de quebrar a cara... Ele não desiste nunca. É por isso que ganhamos a maioria das nossas contas. Ele continua procurando os clientes, não importa quantas vezes eles batam a porta na cara dele."

OS PSICOPATAS NÃO APRENDEM A LIÇÃO

Na década de 1970, Hare e seus alunos realizaram uma série de estudos que, desde então, tornaram-se clássicos no mundo acadêmico.[9] Hare pedia que os sujeitos dos estudos observassem um cronômetro; quando o cronômetro atingia o zero, eles recebiam um eletrochoque "inócuo porém doloroso", ao mesmo tempo em que um eletrodo colocado em seus dedos media os níveis de transpiração. As pessoas normais começavam a suar assim que o cronômetro era acionado, em antecipação ao choque que sabiam que receberiam. Mas os psicopatas

> não vertiam uma gota de suor. Eles pareciam "desligar-se" do iminente incômodo, aparentemente não sentiam medo. Essa reação também pode ser interpretada como não ter aprendido a temer o fracasso nem as consequências de um fracasso – útil se você estiver abrindo seu 53º negócio. Em outras palavras, os psicopatas não têm necessidade de encarar o medo – eles seguem em frente de qualquer maneira.

Sinal 6 Os psicopatas não cedem diante da adversidade. Mas o que parece coragem estoica ou imunidade ao fracasso não passa de incapacidade de aprender com a punição e, consequentemente, modificar seu comportamento.

> Em visita à linda residência de Hank, situada na melhor parte da cidade, espero por ele na biblioteca. Como era de esperar, as prateleiras estavam repletas de obras de luminares da literatura, como Dickens, Trollope e Proust. Mais próximo da grande escrivaninha de mogno (igual à que George Washington usou para assinar a Constituição dos Estados Unidos), havia uma série de livros sobre assuntos variados. Um manual de apicultura ficava ao lado de um livro sobre litografia; havia vários livros sobre carros clássicos e também outros sobre mitologia grega. Ao entrar, Hank me vê olhando para eles. "Ah, sim", diz ele. "É que... Eu sou autodidata. Nunca se sabe quando um conhecimento sobre um assunto qualquer poderá inspirar uma ideia para uma campanha."

Sinal 7 Talvez Hank seja mesmo um autodidata, mas, por mais impressionante que sua biblioteca seja, seus conhecimentos provavelmente são rudimentares. No livro *The Sociopath Next Door*, Martha Stout afirma que: "Às vezes, os sociopatas exibem entusiasmo intenso, porém breve – por passatempos, projetos, envolvimentos com pessoas –, sem comprometimento ou sequência. Aparentemente, esses interesses nascem de forma abrupta e sem nenhuma razão e morrem da mesma maneira." Um chefe psicopata pode impressionar a pessoa certa na hora certa exibindo seus conhecimentos ou seu falso interesse, mas, assim que atinge seu objetivo, se esquece de tudo. Da mesma forma, ele se envolve em um grande número de negócios variados, mas logo se desinteressa e retira sua participação da sociedade para iniciar outro negócio, deixando os sócios irem à falência.

> Deixo Hank na porta de sua casa, com o braço na cintura de Talita, sua quarta noiva. Vinte anos mais nova do que ele e ex-miss Itália, ela está esperando o primeiro filho dela, o sétimo de Hank. Ele já me disse que criou precedente jurídico com o acordo pré-nupcial mais rigoroso do mundo, mas, é claro, afirma: "Eu a amo tanto quanto amei todas as minhas outras noivas. Ela não é sensacional?" Ele belisca o traseiro de Talita, que, envergonhada, dá um gritinho abafado. Quando olho para trás pela última vez, Hank dá uma piscadela. Sim, foi ele quem riu por último.

VOCÊ TEM AS QUALIDADES NECESSÁRIAS PARA SE TORNAR UM MULTIMILIONÁRIO?

Aparentemente, para se tornar um milionário por esforço próprio é preciso ter diversas características que, fora das salas de diretoria, seriam reconhecidas por um psicólogo como alguns dos elementos essenciais que compõem um psicopata. Uma vontade ferrenha de vencer, um ego enorme, um nível quase delirante de autoconfiança e um punhado de sonhos. Você também poderia fazer parte de uma dessas histórias de sucesso? Leia as afirmações a seguir e diga se concorda ou discorda.

1. "Você não ficará milionário se não acreditar realmente nisso. Diga a todo mundo que você conhece que é isso mesmo que vai acon-

tecer. Quando o gerente do banco exigir que você cubra imediatamente seu saldo negativo, simplesmente diga-lhe para não se preocupar – que no próximo ano ele vai ser gerente da conta de um milionário."

2. "Quero que as pessoas acreditem que tenho uma história fantástica do tipo 'da pobreza à riqueza', porque ela vai dar um brilho especial ao meu sucesso – portanto, não tem problema nenhum se eu mentir sobre minha infância. Em vez do sobrado geminado no bairro de classe média e dos pais médicos, falo que passava fome e enfiava sacos de papel nos pés para servir de sapatos."

3. "No meu tempo livre, gosto de dirigir por Silverstone em um carro de Fórmula 1, nadar com tubarões que estão seguindo a trilha de um bife sangrento atrás de mim, brincar de roleta-russa com meu revólver."

4. "Tive um monte de ideias que, tenho certeza, um dia vão tornar-me rico – elas ainda não funcionaram, mas vou continuar tentando até que uma dê certo."

5. "Acredito que a melhor maneira de ficar rico é trabalhando para um homem muito bem-sucedido, recebendo ordens dele."

6. "Vou para o trabalho e cumpro minhas obrigações, mas só penso no fim de semana. Quero me divertir e estou economizando para passar um feriado animal em Ibiza."

7. "A pobreza é, em muitos casos, uma forma de doença mental." (Charles-Albert Poissant em *How to Think Like a Millionaire*[10])

8. "A vida tem me pregado peças e me deixado frustrado. Neguei meu eu interior para seguir as regras. Para ficar rico, tenho de me libertar."

9. "Recuso-me a reconhecer que existam impossibilidades." (Henry Ford)

10. "É preciso trabalhar muito para ganhar dinheiro."

Respostas:

1. Essa afirmação indica grandiosidade – um traço psicopático essencial. Mas é também uma frase usada com frequência em seminários sobre "Como Ficar Rico".
2. Concordar nesse caso indica certa desumanidade – está certo mentir sobre seu passado para tornar ainda mais impressionante sua ascensão financeira? Aristóteles Onassis deixava todo mundo acreditar que tinha sido uma criança pobre. Na verdade, seu pai era um próspero comerciante e presidente do banco local.
3. Isso indica necessidade extrema de estimulação – traço revelador de psicopatia. Mas, da mesma forma, alguns milionários, como *Sir* Richard Branson, podem ser vistos com frequência saltando de paraquedas ou voando de balão pelo mundo afora.
4. Concordância aqui pode indicar um psicopata que simplesmente parece não aprender. Mas, também nesse caso, dizem que "quando o cara é bom, ninguém segura". Vários bilionários fracassaram em seu primeiro negócio; três empresas de Donald Trump faliram, mas ele conseguiu dar a volta por cima.
5. Se você discorda, isso indica um nível de autoengrandecimento, uma tendência psicopata que o multimilionário Henry Ford tinha. Ele aprendeu seu ofício na Detroit Edison Company, mas acabou recusando uma promoção e um aumento de salário. "Pedi demissão com o firme propósito de nunca mais receber ordens", disse Ford.
6. Os psicopatas certamente são preguiçosos, mas não pensariam em economizar para aproveitar um feriado (embora todos adorem noitadas "agitadas") –, não quando conseguem arrumar um jeito de ir de graça.
7. Você acredita que ser pobre é apenas um estado de espírito? Se concordou com essa afirmação, provavelmente não quer papo com pessoas que atribuem sua pobreza a pouca instrução ou

origem humilde. Por que elas simplesmente não arrumam uma maneira – *qualquer* maneira – de ficar ricas? Como diz a namorada de um gângster na série de TV *Gangster's Wives* do canal Sky: "Se você quer ter boas coisas na vida, tem de ser um pouco ladino, não?"

8. Concordância aqui certamente revela um desejo de ir em frente e fazer o que você realmente quer (ficar rico). Mas você não é psicopata – em primeiro lugar, um psicopata jamais teria se conformado.

9. Henry Ford elevou a produção nacional de automóveis para milhões enquanto ainda vivia. Sempre lhe diziam que seria impossível superar as dificuldades mecânicas e financeiras necessárias para conseguir isso; ele ignorou essas convicções. Seu nível de autoconfiança, em que até mesmo o impossível representava apenas outra barreira a ser vencida, podia ser visto como psicopático, mas o tornou milionário. Se você concorda com essa afirmação, pode ser que esteja bastante iludido... Mas, nesse caso, também, talvez realmente tenha tido uma grande ideia.

10. Discorda totalmente? Não, desculpe, a menos que ganhemos na loteria ou herdemos uma fortuna, a maioria de nós tem de dar duro para ganhar a vida. De modo geral, os psicopatas são atraídos para esquemas de ganhar dinheiro rápido. Mas, se você quer ser um dos caras cheios da grana que existem por aí, é melhor seguir a máxima de Vince Lombardi, famoso treinador de futebol americano: "O único lugar em que o sucesso vem antes do trabalho é no dicionário."

BERNIE MADOFF – O FRAUDADOR DE 65 BILHÕES DE DÓLARES

Em junho de 2009, Bernie Madoff, então com 71 anos de idade, foi condenado a 150 anos de prisão por uma fraude gigantesca – a estimativa final é de quase 65 bilhões de dólares. Aparentemente, durante muitos anos, ele geriu o mais bem-sucedido fundo de proteção, ou fundo de *hedge*, em Nova York, que tinha investidores famosos como Steve Spielberg, Kevin Bacon, HSBC e Santander (fonte: *Wall Street Journal*). Mas esse fundo se desmantelou quando os clientes começaram a solicitar o resgate do dinheiro em face da recessão. O problema era que não havia dinheiro para resgatar: toda a empresa era um gigantesco esquema Ponzi, ou seja, uma pirâmide financeira. Madoff tinha um apartamento no Upper East Side, bairro nobre de Nova York, uma casa avaliada em 9,4 bilhões de dólares em Palm Beach, na Flórida, um iate de 17 metros chamado *Bull** (uma dica, quem sabe, de que as coisas não eram exatamente o que pareciam?) e outros luxos. Aparentemente, poucas pessoas desconfiaram de que esse fenomenal fundo de *hedge* era, literalmente, bom demais para ser verdade. Mas talvez uma análise mais rigorosa desse suposto gênio das finanças tivesse revelado tendências psicopatas.

Em *Madoff: The Man Who Stole $65 Billion*,[11] o autor Erin Arvedlund conta uma história sobre o jovem Bernie que demonstra que essa propensão para mentir e trapacear era antiga. Durante o curso colegial, o professor pediu que ele lesse um livro e contasse o enredo para a classe, mas ele não se deu o trabalho de ler livro algum. Ao ser chamado, falou com uma naturalidade impressionante sobre *Hunting and Fishing* de Peter Gunn – nomes que ele inventou na hora. Quando o professor lhe pediu que mostrasse o livro, ele respondeu calmamente que já havia devolvido à biblioteca. Os colegas, ao saberem da trapaça, lhe deram os parabéns.

Quando vivia na alta sociedade, Madoff desfrutava de bastante popularidade, mas o juiz que o condenou achou revelador o fato de ele não ter recebido cartas de amigos dando testemunho de suas boas ações (antes de ser preso, Madoff, que era judeu, era conhecido como filantropo, mas grandes instituições de caridade judaicas perderam vultosas

---

* Especulador da bolsa de valores (N. do T.)

quantias na fraude). Conta-se que uma mulher que havia ficado viúva fazia pouco tempo e não entendia nada de finanças procurou Madoff para perguntar o que deveria fazer. Ele passou o braço por seu ombro e disse: "Não se preocupe. Seu dinheiro estará seguro comigo."

ROBERT MAXWELL – O MAGNATA DA MÍDIA QUE ROUBOU O FUNDO DE PENSÃO DOS FUNCIONÁRIOS

Robert Maxwell morreu em 1991, mas a maneira como ele viveu e morreu assegurou sua fama por vinte anos. Nascido na República Tcheca em uma família pobre, ainda adolescente Maxwell mudou-se para a Inglaterra em 1940, como refugiado. Em 1951, fez sua primeira investida séria nos negócios, ao comprar uma pequena editora. Em 1980, ele adquiriu a British Printing Company (que passou a ser chamada de Maxwell Communications Company) e, em 1984, o Mirror Group Newspapers. Na década de 1990, Maxwell também era proprietário da Macmillan Publishing e de 50% da MTV europeia.

No entanto, logo depois que seu corpo foi encontrado boiando no oceano – aparentemente, ele caiu do seu iate quando navegava pelas Ilhas Canárias –, os detalhes de suas transações financeiras foram revelados. Ele havia desviado centenas de milhões de libras de seus próprios negócios – principalmente dos fundos de pensão criados para os funcionários – para financiar seus planos superambiciosos de expansão dos negócios e sua vida nababesca. Mais tarde, seu filho Kevin foi obrigado a declarar falência, com débitos de 400 milhões de libras.

Veio a público também que, nas semanas que antecederam sua morte, ele estava sendo investigado pela Divisão de Crimes de Guerra da Scotland Yard, a polícia metropolitana de Londres, pelo suposto assassinato de civis alemães a sangue-frio em 1945.

Já em 1973 – possivelmente até mesmo 1969, de acordo com algumas fontes[12] –, depois da tentativa fracassada de Maxwell de vender a Pergamon Press (durante a qual ele perdeu o controle da editora), o Departamento de Comércio e Indústria declarou que ele "não é uma pessoa em quem se possa confiar para administrar com competência uma empresa de capital aberto". (No entanto, no ano seguinte, ele conseguiu tomar dinheiro emprestado para comprá-la novamente.)

Ainda quando ele estava vivo, circulavam inúmeras histórias sobre seu enorme carisma, mas também sobre seu gênio irascível e sua capacidade de manter os funcionários em um estado mais ou menos permanente de medo. Há também uma história, supostamente contada por seus filhos, que ilustra seu descontrole: numa manhã de Natal, eles encontraram o pai sentado em meio a um mar de papéis amassados – ele não tinha conseguido resistir à tentação de abrir os presentes.[13]

O MISTÉRIO EM TORNO DOS BÔNUS CORPORATIVOS

Uma pesquisa realizada pela PriceWaterhouseCooper ("Economic Crime: People, Culture and Controls"[14]), em 2007, revelou que metade das 5.400 empresas pesquisadas tinha sido objeto de alguma forma de crime fiscal desde a pesquisa anterior. A perda financeira direta dessas empresas subiu, em média, 40%, passando de 1,7 milhão de dólares para 2,4 milhões de dólares. A pesquisa revelou também que, quanto maior a firma, mais probabilidade ela tinha de ser vítima de fraude: entre as empresas com 5 mil empregados ou mais, 62% foram fraudadas. Oitenta e cinco por cento dos crimes foram cometidos por homens entre 31 e 50 anos de idade, sendo que metade deles tinha curso superior ou pós-graduação. A metade trabalhava na empresa fraudada, 26% deles ocupavam cargos elevados e 43% trabalhavam na empresa havia mais de cinco anos.

Em resumo, as pesquisas da PWC confirmam a suspeita dos psicólogos de que os psicopatas costumam proliferar na alta administração das empresas. As empresas de maior porte parecem ser mais vulneráveis às táticas predatórias de criminosos gananciosos. Não se sabe se essas corporações criam uma atmosfera propícia aos psicopatas, ao apoiar atitudes competitivas e de alto risco, ou se esse ambiente atrai psicopatas.

RESUMO E RECOMENDAÇÕES

Ao que parece, muitas das qualidades apreciadas em um empreendedor de sucesso são extraordinariamente semelhantes a muitas das características de um psicopata: autoconfiança delirante, autoritarismo arrogante, busca implacável por dinheiro, capacidade de vender a própria mãe e absoluta despreocupação em relação ao fracasso.

Se você desconfia de que está trabalhando para um verdadeiro psicopata, e não para alguém predestinado ao sucesso e à riqueza, aqui estão algumas recomendações para lidar com a situação.

- Pergunte a si mesmo se você está feliz em trabalhar em um ambiente de alto risco por causa dos benefícios oferecidos. Se você considera estabilidade e segurança no emprego aspectos importantes, pode ser que queira trabalhar em outra empresa. Obviamente, qualquer emprego corporativo tem certo nível de risco, como ficou claro durante a recente recessão em que grandes banqueiros assumiram altos riscos que renderam grandes dividendos durante anos, até que o dinheiro acabou. Havia muitos ricaços gananciosos no meio, mas isso não os tornava psicopatas. Nem à maioria das pessoas que trabalhavam para eles, mesmo que tivessem consciência dos riscos que estavam sendo assumidos com o dinheiro da empresa. Você precisa tomar o cuidado de obter a maior quantidade possível de informações sobre a empresa para a qual trabalha antes de decidir se o salário e a pressão valem ou não a pena.
- Lidar com um chefe psicopata em um nível mais pessoal (e, às vezes, uma simples mudança de departamento pode ser o bastante

para escapar do inferno) requer cautela. Entenda com quem você está lidando. Embora os clientes possam se deixar levar pela conversa fiada do seu chefe, você precisa se lembrar de que, para ser bem-sucedido, é preciso trabalhar com afinco, e não apenas ter uma imaginação fértil. Você precisa ficar bastante ciente disso, porque o trabalho árduo provavelmente será seu.

- Nunca critique seu chefe na frente de outras pessoas, se quiser conservar seu emprego. É impossível discutir com chefes psicopatas, pois eles são bastante sensíveis a tudo o que possa ser interpretado como tentativa de humilhá-los ou prejudicá-los. Questões importantes devem ser discutidas cara a cara, mas procure confirmar tudo o que ele diz e deixar que ele discorra mais sobre o assunto antes de dar a sua opinião. Sempre expresse sua opinião em termos de custos e vantagens para o seu chefe, pois essa é a única linguagem que ele compreende, e apele para o ego dele, permitindo que ele leve o crédito por suas ideias.
- Mantenha uma relação amistosa, porém estritamente profissional, com seu chefe. Não se deixe atrair para fronteiras indistintas entre a vida profissional e a pessoal. Se, por exemplo, você lhe contar sobre algum deslize pessoal depois de algumas doses de uísque durante uma "reunião de negócios", prepare-se para ouvi-lo textualmente mencionado na próxima reunião.
- Por fim, se você acha que está trabalhando para um psicopata, não coloque sua segurança financeira nas mãos da empresa. Esteja preparado para ser despedido sem aviso prévio, mantenha cópias de todos os recibos para solicitação de reembolso de despesas (caso ele questione mais tarde) e faça um plano de previdência privada. Além disso, mantenha todos os documentos que possam ajudá-lo mais tarde, para o caso de ocorrer algum processo trabalhista – por exemplo, *e-mails* do seu chefe contendo exigências insensatas ou relacionadas à conduta não profissional.

4

SEU MELHOR AMIGO É PSICOPATA?

Um novo emprego, uma mudança de cidade ou mudança de escola do filho requer uma adaptação que causa ansiedade. Essa adaptação inclui fazer amigos. Ou talvez você já esteja adaptado ao trabalho ou à vida do bairro quando chega alguém novo – e você se dispõe a ajudá-*lo* na adaptação.

É justamente desse momento de vulnerabilidade que um psicopata pode se aproveitar. Contando com a sua necessidade de se sentir querido – afinal, quem não quer ser popular? – o psicopata torna-se seu "amigo" e cola em você para poder se infiltrar em cada aspecto da sua vida. Quando você percebe, ele já assumiu o controle da sua vida social e amorosa, e é provável que já tenha arruinado suas finanças, deixando-o isolado e exposto. Ele lhe dirá que é o único em quem você pode confiar e o único que pode ajudá-lo a sair da confusão em que você se meteu. A confusão que ele próprio criou.

É estranho contar esta história, porque eu não sou propriamente o que vocês chamariam de vítima. Pelo menos, nunca pensei que fosse. Moro em uma das maiores casas da cidade, comprei-a depois de vender minha empresa de instalações hidráulicas por um lucro considerável, alguns anos atrás. (Moro no mesmo bairro há mais de 25 anos, mas tive sorte de conseguir comprar uma casa maior.) Sou divorciado, mas vejo meu filho adolescente, Charlie, regularmente e tenho uma namorada linda, um pouco mais nova que eu, Elsie.

Quando vou ao bar local, tem sempre alguns conhecidos para conversar – no verão, formamos uma equipe de críquete e disputamos algumas partidas.

Ainda assim, apesar de todos os privilégios da minha vida pacata de semiaposentado, caí em uma armadilha preparada por um charlatão. Durante muito tempo, pensei que Robert fosse realmente meu amigo. Até hoje não consigo acreditar que não seja. Ele parecia um homem de bem.

Robert se mudou para a cidade há três anos e causou um impacto quase imediato. Em primeiro lugar, alugou uma das maiores casas da região. Em segundo, chegou em um belo Bentley antigo. Em terceiro, chegou ao bar em sua primeira noite na cidade e pagou uma rodada para todos que estavam lá. Havia só uns vinte fregueses, mas foi um gesto simpático. Na verdade, naquela noite eu não estava no bar, mas fiquei sabendo mais tarde que ele conversou com Betty, a garçonete, e, com alguns elogios, conseguiu ficar por dentro de todas as fofocas da cidade, descobrir quem era quem e até quem estava fazendo o que para quem. Então, imagino que naquela noite ele tenha ficado sabendo que eu era o cara mais importante do local e decidiu que tinha de me conhecer.

Eu o conheci no nosso bazar de verão. Ele se apresentou e me ofereceu um copo de Pimm's. Devo dizer que fiquei encantado. Ele é um cara bonitão e está muito bem para a sua idade; nesse dia, vestia um terno de linho impecável. Robert me disse que era um investidor imobiliário e que tinha se mudado para a nossa cidade porque aquela era uma região "inexplorada". Estava alugando um imóvel porque queria conhecer bem a região antes de comprar, mas logo ficamos com a impressão de que ele tinha alguns milhões para gastar no lugar certo, só para si. Ele disse que queria me conhecer porque tinha ouvido dizer que eu conhecia o lugar como a palma da minha mão e achou que talvez pudéssemos fazer negócios juntos.

Bem, é claro que fiquei intrigado, mas me senti muito lisonjeado. Falei para minha namorada comer alguma coisa na barraca de bolos e nos sentamos no jardim do bar para tomar uma bebida e conversar. Logo descobri que tínhamos muito em comum – pelo menos, era o que parecia. Nós dois tínhamos sido criados por nossas avós (minha mãe tinha morrido, a dele tinha abandonado seu pai quando ele era muito pequeno); tínhamos o mesmo nome do meio, éramos mais ou menos da mesma idade e, na nossa juventude, curtíamos as mesmas bandas e gostávamos das mesmas garotas da Playboy. Meu hobby é colecionar navios em garrafas, e o dele, objetos náuticos. Ele me disse que havia sido iatista internacional e que tinha até sido condecorado como herói em operações de resgate com botes salva-vidas. Descobrimos ainda que ambos tínhamos um profundo amor por cães da raça labrador. Obviamente, agora não faço a menor ideia de quantas dessas coincidências são realmente verdadeiras.

Em pouco tempo, Robert e eu passamos a sair quase toda noite para beber e jogar conversa fora. De certa forma, isso me fez perceber que talvez eu estivesse um pouco solitário. Quer dizer, eu gosto do pessoal da cidade – eu os conheço há muito tempo –, mas era fascinante conversar com Robert. Ele era tão experiente e sabia tantas coisas... Senti que ali estava um homem que realmente me entendia. Começamos a falar de negócios e dei algumas voltas de carro com ele em busca de alguns imóveis para comprar e investir.

Visitamos alguns, e achei que ele tinha um olho muito bom para investimentos. Então, um dia, ele me ligou e disse que um de seus contatos de confiança, um empresário do setor imobiliário, lhe falara sobre um negócio realmente extraordinário na região de Midlands. Ele ia até lá averiguar essa oportunidade. Dois dias depois, ligou para dizer que o negócio era viável – um imóvel que ficava numa área em que muitos casais jovens procuravam casas para alugar. Poderíamos comprar o imóvel, alugá-lo durante um ano e depois vendê-lo. Só o aluguel já daria um bom lucro. Ele disse que eu era um bom amigo e que gostaria de fazer o negócio em sociedade comigo. O único problema era que o contato dele não queria mais ninguém no negócio, por isso a melhor coisa seria eu lhe dar um cheque, porque, então, ele acrescentaria a parte dele e faria o pagamento direto para o empreendedor. A minha parte no investimento seria de 190 mil libras.

Eu paguei a minha parte. Eu achava que não tinha nenhum motivo para me preocupar e estava feliz por investir bem meu dinheiro. Robert voltou com folhetos do imóvel, que realmente parecia muito bom. Parecia autêntico. Só mais tarde descobri, é claro, que não havia imóvel algum. O cheque simplesmente foi depositado na conta bancária de Robert.

Mas levei um ano para perceber isso. Nesse meio-tempo, Robert e eu fizemos vários investimentos imobiliários em sociedade. Nenhum foi tão grande quanto o primeiro, mas no total investi cerca de 650 mil libras sob a orientação de Robert. Era o dinheiro que eu tinha guardado para deixar para meu filho, mas eu achava que estava dobrando o capital para ele.

Assim, mesmo antes de perceber que tinha sido enganado, comecei a notar pequenos indícios de que nem tudo era o que parecia. Pode aparentar ser uma bobagem, mas eu estava conversando com um conhecido no bar e ele comentou o quanto Robert gostava de cães dachshund e disse que tinham passado parte do almoço discutindo os pontos mais interessantes dessa raça. Eu ri e disse: "Não, não... ele gosta é de labradores". Considerei isso um mal-entendido, mas fiquei com a pulga atrás da orelha. As pessoas não confundem seus cães.

Outra noite, Robert levou uma nova amiga ao bar. Chrissie era divorciada e rica, e fiquei um pouco surpreso com o interesse declarado de Robert por ela. Ela era muito simpática, mas um pouco espalhafatosa. O casal chamava bastante atenção no pacato bar. Alguns dias depois, ele me mandou uma mensagem dizendo que tinha viajado com Chrissie para Veneza, onde ficariam hospedados no Gritti Palace – o hotel mais caro e elegante da cidade. Tive a nítida impressão de que ela gostava de gastar o dinheiro de seu ex-marido com Robert e que ele estava satisfeitíssimo com o tratamento de luxo. Essa atitude não combinava com meu amigo, mas tentei ficar feliz por ele. Poucas semanas depois, Chrissie se mudou para a casa dele, e logo descobrimos – você sabe como são as fofocas de cidade pequena – que era ela quem pagava o aluguel.

Ainda assim, continuamos a sair regularmente para beber. Apesar de todos os negócios que estávamos fazendo juntos, nem sempre falávamos sobre isso. Robert costumava me entreter com casos divertidos do seu passado – os resgates com barcos salva-vidas, as viagens ao redor do mundo, seus romances com lindas mulheres. Ele dava a entender que tinha se casado várias vezes. Não falava muito sobre Chrissie – na verdade, quando falava, eu me sentia pouco à vontade. Ele parecia um tanto frio quando se referia a ela – falava das contas que ela estava pagando para ele e, em seguida, ria. Mas eu pensava "cada um com sua vida" – e esquecia o assunto.

Quando fez um ano que nos conhecemos, Robert me disse que ele e Chrissie iam viajar para Barbados por quinze dias. Nunca mais o vi. Um mês depois, descobri que não só não conseguia mais entrar em contato com ele (o telefone estava desligado, os e-mails não eram respondidos) como também não tinha a menor ideia de como rastrear os negócios que tínhamos feito juntos: ele cuidara de tudo sozinho. No final das contas, foi o corretor que tinha alugado a casa para ele que o denunciou à polícia. Robert era procurado por fraude em grande escala e eu fui apenas mais uma de suas vítimas. Você pode me achar bobo, mas ainda não sei o que me deixa mais transtornado – perder meu dinheiro ou perder meu amigo.

Geoffrey, 56 anos, aposentado

Um novo amigo pode ser tão emocionante quanto um novo amante: queremos passar todo o tempo livre com ele, são horas de conversa que nos fazem descobrir cada vez mais quantas coisas temos em comum, e chegamos até a fazer planos para o futuro. Uma verdadeira amizade só acontece raramente e pode durar até mais tempo que um casamento. Aquela pessoa especial que conhece todos os seus segredos, ouve suas falhas sem fazer julgamento e apoia seus planos para o futuro.

A amizade com um psicopata, é claro, não é nada disso – os psicopatas são incapazes de ter empatia ou ser leal a alguém, a não ser a eles mesmos. No entanto, um psicopata sabe o que precisa fazer para que você acredite que ele, mais do que qualquer outra pessoa, é seu amigo. Como vimos na história acima, Robert sabia como fazer Geoffrey sentir que havia encontrado um amigo de verdade: eles tinham – pelo menos aparentemente – muitas coisas em comum. Robert apelou à vaidade de Geoffrey, identificando-o como um "figurão" da cidade, e, mais ainda, pediu sua ajuda para que lhe mostrasse o local até chegar ao investimento financeiro.

Assim, o pobre Geoffrey ficou mais arrasado pela traição da amizade do que por ter perdido dinheiro, o que é uma reação absolutamente normal. De alguma forma, todos nós preferimos acreditar que a amizade era real, mesmo que essa pessoa tenha roubado nosso dinheiro. Admitir ter-se "deixado enganar" por um novo amigo que acabou revelando ser uma farsa seria admitir uma ingenuidade e uma vergonha difíceis de suportar. Mas você não deve sentir-se um idiota: o psicopata é ardiloso e explora o seu lado mais sensível.

O psicopata tem vantagem desde o início, porque ficamos mais propensos a fazer novos amigos quando estamos ansiosos. Procuramos nos associar a alguém quando nos sentimos inseguros a nosso próprio respeito, seja porque nos separamos de nosso parceiro, porque mudamos para outra cidade ou trocamos de emprego. Em um estudo clássico realizado em 1959, os pesquisadores disseram às mulheres participantes que elas receberiam choques elétricos. À metade das mulheres eles disseram que seriam dolorosos e à outra metade, que não seriam. Enquanto aguardavam a montagem do aparelho, elas poderiam optar entre esperar sozinhas ou com outra pessoa. O grupo de alta ansiedade (ou seja, composto de mulheres que achavam que seria uma experiência dolorosa) mostrou-se duas vezes mais propenso a querer companhia.[15]

Enquanto eu e você normalmente escolheríamos um amigo com quem tivéssemos algo em comum, um psicopata escolhe um "amigo" com base na utilidade que essa pessoa tem para ele. Um psicopata nem sempre escolhe alguém de condição mais humilde para usar e manipular – na verdade, muitas vezes, ele prefere alguém importante, poderoso ou que, de algum modo especial, valorize sua posição social.

Para escolher seu alvo, os psicopatas têm um truque na manga. Eles são grandes mímicos e, às vezes, imitam o jeito de falar (ritmo da fala, uso específico de alguns termos, etc.) e os gestos de uma pessoa. Isso por si só já cria um clima favorável: somos inconscientemente levados a nos sentir mais à vontade e a gostar de alguém que pareça estar em "sintonia" conosco.

Um aspecto afetuoso que nós, não psicopatas, temos é que, quando vemos uma pessoa de quem gostamos agir de maneira desastrada, nós gostamos ainda mais dela – talvez porque isso a faça parecer humana. Os psicopatas podem dar essa impressão, muitas vezes, inadvertidamente. Eles podem cometer algum deslize, uma gafe que traia sua falta de ligação com os outros, mas, como não ligam muito para isso e podem até rir do próprio erro, isso acaba despertando ainda mais nossa simpatia por eles. A nossa tendência é pensar: "Ele não se leva muito a sério!" Entretanto, os psicopatas muito arrogantes não conseguem tirar muita vantagem desse truque.

Todos os relacionamentos dos psicopatas estão ligados à exploração – eles sempre usam outra pessoa para realizar seus desejos. Por exemplo, eles não compreendem o conceito de fazer um favor a um amigo, a não ser que o favor seja para eles. Se você lhes pedir um favor, de duas, uma: ou eles considerarão isso um "investimento" (pois na semana seguinte lhe pedirão um favor maior ainda em troca) ou um insulto, porque se sentirão usados, e eles sempre gostam de ter a supremacia.

E – o que é mais perigoso – o psicopata usa as informações confidenciais e pessoais de um amigo contra esse próprio amigo que confiou nele. Essas mesmas características da amizade – revelação de coisas pessoais, intimidade, segredos – tornam-se armas nas mãos de um amigo psicopata.

OS SETE SINAIS DO MELHOR AMIGO PSICOPATA

Quando Vanessa conheceu Heather, sentiu um pouco de pena dela. Heather tinha acabado de ser contratada por uma empresa de relações públicas só de mulheres: era jovem, ambiciosa e estava um pouco acima do peso. Pelas costas, Vanessa referia-se a Heather como "Beth, a feia" – bem-intencionada, pensava, mas mal vestida e necessitando de orientação. Apesar do apelido que deu à amiga, Vanessa tinha uma alma generosa e acolheu Heather debaixo de suas asas.

Depois de poucas semanas, Vanessa e Heather eram unha e carne. Elas sempre almoçavam juntas e, para incentivar Heather a perder os "pneuzinhos", Vanessa sempre pedia o mesmo *sushi* para ambas. Elas faziam compras juntas, e Vanessa costumava levar Heather às butiques mais transadas, incentivando-a a gastar o máximo que seu salário permitia. Por isso era quase inevitável que, apenas sete semanas depois de se conhecerem, Heather fosse obrigada a sair de seu apartamento (ela disse que o apartamento estava sendo vendido), e Vanessa lhe ofereceu o quarto de hóspedes – só até que ela encontrasse algum outro lugar.

Agora que suas medidas tinham diminuído um número, Heather começou a pegar as roupas de Vanessa emprestadas. Na verdade, Vanessa não se importava muito com isso – até observar que as roupas estavam sendo devolvidas sujas e cheirando a fumaça de cigarro. Mas, como ela não disse nada no início, ficava cada vez mais difícil tocar no assunto. Heather, de sua parte, não dava nenhum sinal de que estava procurando outro lugar para morar e, ainda por cima, não estava pagando aluguel para Vanessa – mais uma vez, a cada semana que passava, parecia mais complicado tocar no assunto. Isso ainda teria sido suportável, mas Heather não pensava duas vezes antes de usar toda a água quente no seu banho matinal, além de acabar com o queijo Roquefort ou com a geleia caseira de Vanessa, e simplesmente dava de ombros quando Vanessa dizia alguma coisa.

Sinal 1 A imitação pode ser a forma mais sincera de lisonja, mas nesse caso o comportamento de Heather é o de um parasita. Heather aproveitou-se de Vanessa de uma forma inteligente, sabendo que ela se sentiria constrangida demais para admitir que sua boa vontade tinha limite. Sem despesa com aluguel e com acesso a um guarda-roupa repleto de roupas e a uma geladeira cheia de comida deliciosa, que motivos ela tinha para se mudar? A gota-d'água teria ocorrido quando Heather tomou liberdade com o namorado de Vanessa com a mesma facilidade com que metia o dedo na salada de sua colega de apartamento. Pelo menos seria a gota-d'água se Vanessa tivesse descoberto.

Vanessa se sentia culpada por ficar ressentida com Heather e suprimiu qualquer dúvida que a afligia – afinal, amigos compartilham suas coisas, não é? E Heather se tornou sua melhor amiga, ou pelo menos é o que ela pensava. Elas trabalhavam juntas, moravam juntas e, nos fins de semana, saíam juntas. Uma confidenciava tudo à outra: elas contaram todos os detalhes de suas vidas, desde o primeiro animal de estimação até o primeiro amor. Vanessa, pelo menos, contou tudo. Heather contou pequenas coisas, aparentemente íntimas, escolhidas com o intuito de apenas refletir as mesmas experiências, crenças e os sentimentos da amiga. Ao fazer isso, ela enviava a mensagem "Veja, somos muito parecidas... você (e todos os seus segredos) está segura comigo".

Sinal 2 Heather se apresenta como amiga leal de Vanessa – e, enquanto isso, trama o tempo todo para se livrar da obrigação de dividir as despesas. Ela diz o que Vanessa quer ouvir para poder conquistar sua total confiança. Se Vanessa prestasse um pouco mais de atenção à maneira como Heather contava suas histórias, teria percebido que faltavam detalhes sutis e que elas tinham algo de teatral. Elas demonstravam todas as características de "afeto superficial" dos psicopatas. As histórias tristes do coração de Heather são vagas; as lágrimas impressionam, mas secam rapidamente. Ela não tem sequer uma fotografia do animal de estimação pelo qual expressa tanto carinho.

À medida que elas ficam mais próximas, a confiança de Heather aumenta e, aos poucos, Vanessa começa a perceber que as posições estão se invertendo. Ela agora precisa do apoio da amiga. Quando ela tem um pequeno desentendimento com outra amiga, Heather lhe dá conselhos sobre como reagir. Ela sugere que Vanessa espalhe o boato de que a moça tem verrugas genitais. Vanessa ri, mas fica chocada e não segue o conselho. Ela começou a perceber que a maneira como Heather trata as pessoas varia enormemente. Ela nunca pensou em sua amiga como alguém capaz de maltratar outras pessoas, mas, sim, percebe que ela é muito simpática com outras amigas, portanto, isso deve ser apenas porque quer protegê-la, certo?

Sinal 3 Como os psicopatas avaliam as pessoas pelo valor que elas têm para eles, o seu comportamento em relação a elas também varia. Essa irregularidade muitas vezes só é detectada quando eles se comportam de maneira tão repugnante em relação a uma pessoa que fica impossível não notar. Nesse ponto, porém, o comportamento "inadequado" é prontamente justificado ou explicado. Se a infeliz vítima for um inimigo comum, é mais fácil ser conivente ou ignorar. Afinal, você tem certeza de que sua alma gêmea jamais se voltaria contra você.

OBSERVE AS MÃOS DOS PSICOPATAS

Os psicopatas fazem mais gestos casuais com as mãos (conhecidos como "batidas") do que os que não são psicopatas, particularmente quando falam de assuntos sentimentais ou interpessoais, como descrições de relações familiares e do início da vida familiar.[16] Os psicólogos acreditam que isso seja um sinal do grande esforço cognitivo que eles precisam fazer para discutir sentimentos e conceitos que, para eles, são abstratos. (Pense no movimento que você faz com as mãos quando está tentando se lembrar de uma palavra.) Psicopatas criminosos fazem menos gestos com as mãos quando falam sobre os crimes que cometeram, uma vez que conhecem bem essa situação, que tem mais significado para eles.

Obviamente, o acesso ao apartamento, ao guarda-roupa e à geladeira de Vanessa não é suficiente para Heather. Logo, ela se apossa da sua agenda de endereços. Liga para os amigos de Vanessa, combina um almoço "surpresa" ou um encontro em um bar e, quando aparece sem ela, explica que Vanessa teve de trabalhar até mais tarde. Heather se mostra bastante amável e, em breve, todos os amigos estarão comendo em suas mãos bem cuidadas. Na conversa, Heather deixa escapar algumas "confidências" – que "a pobre Vanessa" está se sentindo muito pressionada no trabalho; que está desconfiada de que seu namorado está tendo um caso e que está prestes a perder a conta de seu cliente mais importante...

Pouco a pouco, os amigos começam a sentir pena de Vanessa. Sem realmente saber como nem por que, ela sente que está perdendo seu *status* de "líder" quando as pessoas começam a lhe oferecer ajuda em vez de lhe pedir orientação. Quando alguém no trabalho deixa escapar que Heather disse que está preocupada com a amiga, Vanessa vai tirar satisfação com Heather. Ela fica imperturbável: "Só estou cuidando de você", repete. E acrescenta que, para seu próprio bem, Vanessa precisa que alguém cuide dela. Vanessa irrompe em lágrimas. "Claro", ela diz, "você é minha amiga..." "Por favor, me ajude!"

Sinal 4 Heather vem manipulando Vanessa de forma bastante hábil – pouco a pouco e em pequenas doses, para que ela não saiba o que está acontecendo. Sem perceber, Vanessa fica com a autoconfiança seriamente abalada e, claro, acha que a única pessoa que pode salvá-la é a sua inimiga.

Um dia, Heather telefona para os pais de Vanessa e diz a eles que Vanessa está atrasada com o pagamento das prestações do apartamento, pois não conseguiu o bônus que esperava no trabalho. Diz também que Vanessa está muito envergonhada para ligar pessoalmente para eles e que é provável que ela não aceite nenhuma ajuda deles. Mas, se eles pudessem dar o dinheiro para Heather, ela diria a Vanessa que lhe emprestaria o dinheiro (os pais, naturalmente, acham que Heather está pagando o aluguel). A mãe se mostra um tanto cética e se pergunta se não seria melhor chamar Vanessa para discutir o assunto no fim de semana. Mas o pai fica ansioso para aliviar a pressão sobre a filha e deposita o correspondente a seis prestações do financiamento na conta de Heather. Obviamente, Vanessa não vê um centavo do dinheiro.

Sinal 5 Heather está muito satisfeita em explorar Vanessa e seus pais e não sente nem uma pontinha de remorso. Os psicopatas não têm sentimentos relativos a laços familiares, sejam deles ou de outras pessoas. Para eles, seus pretensos amigos mais próximos e queridos nada mais são do que recursos adicionais a serem sugados.

Uma noite, Heather sugere a Vanessa irem para Ibiza nas férias de verão – quinze dias de clubes, praias, homens e sangria. Tem coisa melhor que isso? Vanessa concorda. O único problema é que ela já usou todas as suas férias do ano (graças às sugestões anteriores de Heather de passarem um fim de semana prolongado em Praga, de passarem outro fim de semana prolongado em uma pousada e de irem para Dublin porque ficaram sabendo que um dos atores favoritos de Heather estaria lá). "Não tem problema", diz Heather, "eu liguei para o trabalho, disse que você estava com gastroenterite e usei seu cartão de crédito para comprar as passagens – nosso voo sairá hoje à noite..."

Sinal 6 O que poderia ser interpretado como um senso exacerbado de diversão e energia em algumas pessoas, neste caso, é a perigosa tendência psicopata à impulsividade. Sem nenhuma consideração pelos planos alheios e sem pesar as consequências, o psicopata só faz o que quer e quando quer.

Heather e Vanessa voaram para Ibiza, mas a paciência de Vanessa com sua amiga estava começando a se esgotar. Nas férias, Heather experimentou todas as drogas e todos os coquetéis que pôde – sem contar que saiu com um cara diferente a cada noite, e Vanessa tinha de se esconder no banheiro tapando os ouvidos com as mãos ou esperar no bar do hotel, roendo as unhas, até receber o "sinal verde" para subir.

Então, na última noite, exatamente quando Vanessa estava prestes a dizer a Heather que ela não poderia suportar mais um minuto sequer com esse comportamento acintoso, Heather "soltou uma verdadeira bomba". Ela disse que tinha câncer – era por isso que estava vivendo cada dia como se fosse o último. Vanessa, é claro, ficou arrasada. Aos soluços, implorou à amiga que a deixasse cuidar dela quando voltassem para casa.

Só que, dessa vez, Heather não foi muito inteligente. Na volta para casa, enquanto esperavam pelas malas na esteira de bagagem, Heather deixou sua bolsa com Vanessa e foi ao banheiro. Vanessa viu a ponta de uma carta do hospital local escapando da bolsa e, num arroubo, decidiu lê-la – queria saber se o câncer de Heather era ainda pior do que ela dizia. É a cara dela – pensou – minimizar a coisa toda para não me deixar tão preocupada. Mas a carta revelava algo muito pior. O nódulo, que motivara a ida de Heather ao hospital, era completamente benigno. Não haveria necessidade de outras consultas.

Sinal 7 A mentira espetacular que Heather contou ao deparar com a possível perda de seu "vale-refeição" é bastante comum. Psicopatas mentem com facilidade e, muitas vezes, exageram na mentira quando querem provocar uma reação rápida e proveitosa de alguém cuja paciência já tenha se esgotado. Eles são insensíveis demais para compreender o impacto emocional que essa atitude pode ter e gostam de brincar com os sentimentos de um amigo da mesma forma que o gato gosta de perseguir o rato se isso produzir os resultados desejados. É provável que Heather, inicialmente, nem sequer tenha pensado em como sustentaria uma mentira de tal magnitude, mas, sem dúvida nenhuma, ela a teria explorado o máximo possível se não fosse desmascarada. Vamos esperar que, para o bem de Vanessa, esse último erro tire Heather de sua vida para sempre. É obvio que isso servirá apenas para enviá-la diretamente a outra pessoa. Tome cuidado para que essa pessoa não seja você.

OBSERVE OS LÁBIOS DO PSICOPATA: COMO ELE USA A LINGUAGEM

Os psicopatas normalmente são descritos como alguém que tem "o dom da palavra", mas é o seu jeito de falar que atrai a nossa atenção, e não o seu uso eloquente das palavras. Na verdade, os especialistas observaram que a linguagem usada pelo psicopata tem características peculiares e desajeitadas que podem passar despercebidas ao ouvinte mais desavisado.

Em seu livro *Without Conscience: The Disturbing World of the Psychopaths Among Us*, Hare descreve "frequentes afirmações contraditórias e logicamente inconsistentes". Ele cita um ladrão condenado que, ao responder a uma pergunta a respeito de já ter cometido um crime violento, disse: "Não, mas uma vez tive de matar alguém." Os psicopatas parecem juntar as palavras de forma estranha – cometem lapsos linguísticos ou malapropismos. Tomemos como exemplo o psicopata que se descreve como "bode expiatório" ou "vítima do meu próprio excesso".

Hare diz que é "como se os psicopatas tivessem dificuldade de controlar a própria fala", permitindo, assim, fluxos complicados e mal organizados de palavras e pensamentos. Segundo ele, a fala é o final de uma longa sequência de uma complicada atividade mental, por isso é possível que as distorções de linguagem do psicopata se devam ao

> fato de seus processos mentais, assim como seu comportamento, não estarem vinculados a regras convencionais.
>
> Pode ser que o estilo idiossincrático do psicopata seja produto de um cérebro atipicamente "lateralizado".[17] Na maioria das pessoas, o hemisfério esquerdo do cérebro tem o controle primário sobre a maneira como as palavras são usadas e compreendidas. Mas há indícios de que, nos psicopatas, os centros de linguagem sejam bilaterais – quer dizer: estão localizados em ambos os hemisférios.[18] Isso significa que as informações verbais têm de passar pelos dois hemisférios e podem, portanto, tornar-se mais facilmente desordenadas.

AS LEIS DA AMIZADE E COMO ELAS SÃO EXPLORADAS PELOS PSICOPATAS

Em um artigo sobre psicologia da amizade, Karen Karbo descreve algumas leis básicas da amizade extraídas de estudos clássicos e pesquisas recentes.[19] Um vigarista inteligente pode usar essas leis para construir uma falsa amizade: conheça-as para se proteger melhor.

1. Lei da regularidade: tendemos a ficar amigos de alguém que vemos regularmente. Um estudo acompanhou amizades em um prédio de apartamentos de dois andares. O estudo conclui, talvez sem nenhuma surpresa, que as pessoas tinham mais probabilidade de fazer amizade com vizinhos próximos do que com vizinhos de outro andar. Um psicopata cruzará seu caminho com frequência, construindo, assim, um repertório de familiaridades que levará naturalmente à amizade.
2. Lei da reciprocidade: qualquer relacionamento baseia-se na lei da reciprocidade – sempre damos algo em troca quando recebemos

alguma coisa. As pessoas mais gentis se sentem constrangidas em não retribuir algo que receberam de um amigo – ou amigo em potencial –, seja informação, elogio, apoio emocional, ajuda ou até mesmo dinheiro.

3. Lei da intimidade: quando fazemos uma nova amizade, revelamos nossos desejos secretos, falamos livremente sobre a nossa vida e o que queremos do futuro. Muitas vezes, os parâmetros da amizade são determinados pela profundidade com que compartilhamos nossos pensamentos mais íntimos. O psicopata nos leva a crer que nos contou seus segredos mais íntimos (que, obviamente, são todos forjados), a fim de nos incentivar a fazer o mesmo (de acordo com a lei da reciprocidade), atraindo-nos cada vez mais para o seu círculo.

4. Efeito Benjamin Franklin: esse é o nome da lei concebida pelo ex-presidente americano Benjamin Franklin, segundo a qual, "Aquele que lhe fez uma gentileza uma vez estará mais disposto a fazer outra do que aquele a quem você mesmo fez um favor". Em outras palavras, quando fazemos algo de bom para alguém, acreditamos que o fizemos porque essa pessoa merece... e, portanto, faremos novamente. As pessoas se sentem com mais obrigação de ajudar alguém que já ajudaram do que de ajudar alguém que as ajudou. Assim, o psicopata que o incentiva a lhe fazer um favor pode continuar pedindo outro... e outro... e outro... sem sentir necessidade de lhe dar nada em troca.

5. Lei de apoio de identidade social: essa lei descreve como costumamos escolher nossos amigos, ou seja, com base no apoio que eles dão à visão social que temos de nós mesmos. Embora acreditemos que alguém seja nosso amigo por ser quem é, na verdade, ele é nosso amigo porque reforça nossa identidade. Mães fazem amizade com outras mães; frequentadores de igrejas procuram a companhia uns dos outros; celebridades preferem sair

com outras celebridades, e assim por diante. Isso também funciona na extremidade mais baixa da escala – viciados em drogas preferem ser amigos de quem aceita o seu vício do que de quem insiste para que eles deixem o vício, mesmo que os últimos demonstrem claramente mais amor do que os primeiros. O psicopata posiciona-se deliberadamente como defensor da identidade social de sua vítima – provavelmente o encontraremos no portão da escola, na academia de ginástica ou no clube de tênis. Como é exatamente nesses lugares que nos sentimos mais relaxados – porque nos sentimos bem nesses ambientes –, baixamos a guarda, permitindo que ele se aproxime com facilidade.

PETER FOSTER – O HOMEM QUE COLOCOU CHERIE BLAIR EM APUROS

Nem mesmo as pessoas que ocupam posições de maior poder e que são mais protegidas estão imunes à astúcia de um golpista, como descobriu Cherie Blair, esposa do então primeiro-ministro britânico Tony Blair, em 2002.

Em 2007, Peter Foster foi condenado a quatro anos e meio de prisão na Austrália por fraude; ele admitiu ter obtido um empréstimo de 130 mil libras de um banco da Micronésia, alegando que seria para um empreendimento imobiliário, mas usou o dinheiro para pagar dívidas de cartão de crédito. Anteriormente, Foster fora preso em outros três continentes por vender remédios falsos para emagrecer e usar documentos falsos.

Ele afirma que, aos 15 anos de idade, quando tocava uma empresa de aluguel de máquinas de fliperama para blocos de apartamentos em Queensland, já ganhava mais dinheiro que seus professores. Aos 17 anos, era o "promotor de boxe mais jovem do mundo", quando promoveu uma luta pelo título mundial com a participação dos campeões da Europa e da Grã-Bretanha na categoria peso meio-pesado da época. Aos 20 anos, foi multado por tentar receber um seguro de forma fraudulenta; no ano seguinte, foi declarado falido. Mais tarde, tornou-se produtor de televisão e filmou um documentário com Mohammed Ali, enquanto morava na casa de Ali nas proximidades de Wilshire Boulevard, em Los Angeles. Em seguida, começou a vender o chá emagrecedor Bai Lin e, para a promoção desse produto, usou a duquesa de York, Sarah, e a glamorosa modelo Samantha Fox. Tornou-se um dos principais patrocinadores do Chelsea Football Club. A respeito de Foster, Samantha Fox disse: "Claro, mais tarde, ele se revelou um canalha, mas quando eu o conheci ele era um empresário fino e elegante que me ensinou sobre a vida." Em 1996, ele foi preso por violar leis sobre a distribuição do chá e, nove meses depois, fugiu para a Austrália (mais tarde, foi preso novamente e extraditado para o Reino Unido).

Ele também foi agente infiltrado da Polícia Federal Australiana na década de 1990 e dizia ter sido agente da polícia britânica. Apesar desse passado duvidoso, Foster conseguiu apresentar-se como "consultor financeiro" a Cherie Blair, de quem ficou amigo por intermédio da namorada, Carole Caplin, assessora de imagem não oficial em Downing Street, sede do governo britânico. Em 2002, depois de negar oficialmente – mais de uma vez – o envolvimento do golpista Foster em seus assuntos financeiros, Cherie Blair foi obrigada a admitir, alguns dias mais tarde, que ele, de fato, tinha sido seu conselheiro na compra de dois apartamentos em Bristol. O problema todo aconteceu porque não foi considerado correto que a esposa do primeiro-ministro procurasse os conselhos de um vigarista condenado para negociar uma redução de preço para seus imóveis.

Cherie Blair fez de tudo para manter distância de Foster, mas o *Daily Mail* publicou um e-mail no qual ela o descrevia como "uma estrela" e dizia: "Estamos na mesma sintonia, Peter." Mais tarde, Caplin disse a respeito de seu ex: "Ele simplesmente cria fantasias, e essas histórias absurdas não merecem nenhuma credibilidade."

Mais recentemente, em 2009, Foster disse que queria negociar um acordo de paz entre a Austrália e Fiji.

RESUMO E RECOMENDAÇÕES

Muitas pessoas medem seu sucesso na vida pelas amizades que fizeram, e muitas concordam que é melhor ter alguns poucos amigos íntimos do que mil conhecidos. Assim, quando surge alguém que parece ter todas as qualidades ideais para ser nosso amigo, investimos fortemente no relacionamento. É por isso que a "amizade" com um psicopata pode nos causar tantos danos quando descobrimos que foi construída sobre uma base de mentiras. A confiança traída pode ser até mais dolorosa do que a dor de ter sido roubado.

O interessante é que eles aprendem a explorar a natureza amistosa de suas vítimas, apesar de lhes faltarem conceitos importantes de amizade: confiança, carinho, lealdade e apoio, entre outros. Talvez a questão não esteja na linguagem da amizade que o psicopata aprende a usar com efeitos nefastos, mas, sim, no fato de que ele sabe como explorar algumas leis aparentemente fundamentais da amizade.

Pode ser difícil perceber se você foi escolhido como alvo da amizade de um psicopata – afinal de contas, todos nós assumimos o risco de nos abrir para outra pessoa nos primeiros estágios de um relacionamento. Mas há perguntas que você deve se fazer: Ele lhe pede favores cada vez maiores sem dar nada em troca? Ele o deixa constrangido em público? Ele o incentiva a terminar a amizade com outras pessoas ou usa seus contatos em benefício próprio? A verdadeira amizade baseia-se em dar e receber – a de vocês tem o equilíbrio certo?

A psicóloga Debra Oswald, Ph.D. pela Marquette University, em Milwaukee, Estados Unidos, diz que os laços de amizade precisam de quatro pilares para se manter: confidência e apoio constantes (ambos necessários para criar intimidade), interação (telefonemas, e-mails ou visita aos amigos) e positividade (uma amizade gratificante nos motiva a mantê-la viva). Para acabar com uma amizade prejudicial é preciso deixar de fazer essas quatro coisas. Um psicopata terá dificuldade de seduzi-lo se você não lhe der informações íntimas, não lhe telefonar e não apoiar seus planos ou desejos.

Felizmente, as amizades com psicopatas tendem a ser de curta duração, por razões óbvias. Heather, provavelmente, não chorou quando sua amiga Vanessa abriu os olhos e a colocou para fora do seu apartamento – afinal, ela não precisa da companhia nem da aprovação de outras pessoas, apenas dos benefícios que elas podem lhe trazer.

5

SEU NAMORADO É PSICOPATA?

Nos assuntos do coração, devemos ser particularmente cautelosos. É nesses momentos de sedução, em que nossas defesas estão baixas, que os psicopatas podem atacar. Sair com essas pessoas pode ser uma experiência diferente e fascinante, mas um elemento do medo pode aumentar a nossa atração por elas. O olhar fixo e penetrante de um psicopata pode ser muito sedutor. Até mesmo um encontro casual e descompromissado com um psicopata pode ser difícil: eles têm tendência para expressar rapidamente emoções profundas – e se você estiver procurando alguém para amar, essa pode ser a isca perfeita para fisgar você.

Se você já teve vários encontros românticos, certamente já teve um ruim. Mas como saber se foi só um encontro romântico que desandou ou um choque com um psicopata?

Durante o jantar, ele parecia mais interessado em conversar com a garçonete do que comigo. A gota-d'água foi quando, ao pagar a conta, ele pegou o número de telefone dela.

No primeiro encontro, ele disse que eu ficaria linda grávida.

Conheci o cara em um evento de uma agência de namoro, mas depois de algum tempo ele me disse que era casado. E o pior é que ele não entendia o que é que havia de errado nisso.

Quando ele chegou, vi que era uns cinco anos mais velho e uns trinta quilos mais gordo que sua foto na Internet. Sentou-se e acendeu um cigarro. Atendeu ao telefonema de um colega, e ouvi quando ele disse que eu era "gostosa". Quando perguntei se ele estava achando que ia me levar para a cama, ele disse "Espero que sim". Vangloriou-se a noite toda de seu querido Jaguar, mas disse que não me daria carona até em casa no final da noite: ele já tinha sido preso por dirigir alcoolizado.

Marquei um encontro com um incorporador de imóveis que, depois de meia hora, disse: "Mal posso esperar para que você conheça minha casa. Você poderá decorá-la do jeito que quiser!"

Era a primeira vez que saíamos juntos. Estávamos em um bar, e de repente ele viu entrar um grupo de amigos. "Não olhe para trás", disse ele, "não quero que meus amigos a vejam comigo. Vou falar com eles enquanto você sai de fininho. Eu te encontro daqui a vinte minutos na esquina."

Depois que saímos – uma única vez –, ela me enviou um e-mail dizendo que havia imprimido uma foto minha e colocado em um porta-retratos em cima da sua mesa no trabalho.

Eu não conseguia entender por que ele queria sair tão depressa do restaurante. Mas, quando ele pegou minha mão e começou a correr, caiu a ficha. Ele não havia pagado a conta.

Várias pessoas, de todas as idades

Com o aumento crescente do número de encontros marcados pela Internet nos últimos anos, nunca foi tão importante ficar atento em relação à pessoa com quem exatamente estamos planejando dividir uma garrafa de vinho. Um psicopata pode esconder facilmente sua verdadeira personalidade por trás de uma tela de computador. Mentirosos prolíficos, eles dizem exatamente aquilo que você quer ouvir para obter aquilo que querem. E você não pode necessariamente confiar em seus filtros normais, como avaliar a maneira como eles se vestem. Afinal de contas, tem psicopata de tudo quanto é jeito: desde vagabundo profissional que vive de seguro-desemprego até o milionário que usa ternos Versace.

Para complicar ainda mais a situação, o psicopata astuto enganará você: charmoso e extremamente galanteador, ele tem sempre um elogio na ponta da língua. Até mesmo Ted Bundy – assassino compulsivo que confessou ter cometido mais de trinta assassinatos entre 1974 e 1978 – teve algumas namoradas. Você pode sair com um psicopata e no início da noite pensar: "Que cara encantador!" É bem provável que ele chegue com um buquê de flores e cheio de galanteios. Só lá pelas tantas – talvez quando você estiver pensando se deve ou não comer aquela musse de chocolate – é que vai começar a se perguntar por que é que algumas coisas não se encaixam. Quando você questiona suas histórias, o mais importante não são as mentiras que ele conta, mas as respostas que ele dá. Qualquer pessoa pega em uma mentirinha fica vermelha como um pimentão. Mas um mentiroso compulsivo simplesmente ignora sua perplexidade como se fosse a coisa mais natural do mundo.

A principal característica de um psicopata é a incapacidade de sentir empatia. Portanto, é nas ocasiões em que ele deveria fazer o possível para que você se sentisse melhor e mostrar que ambos têm muita coisa em comum que ele erra feio. Se ele não demonstrar a mínima compaixão quando você lhe contar que seu gato morreu na semana passada, preste atenção. Se ele é excessivamente insinuante e não repara que isso a está deixando incomodada, esse é outro sinal de alerta. E se ele diz que adora filmes de terror, pornografia extrema ou tortura de animais, mas não nota o horror estampado em seu rosto... Bem... você sabe que não deve lhe dar o número do seu telefone, não sabe?

Mas você não está indefesa. Se um psicopata jogar todo o seu charme em cima de você, lembre-se de que a melhor defesa é sua própria autoestima. Os psicopatas costumam escolher pessoas de nível social mais elevado ou que tenham um emprego melhor que o deles (eles são bastante chegados à glória e à fama), mas só vão conseguir enganar alguém que seja vulnerável. Conheça seus próprios limites e, se o cara ultrapassá-los de uma maneira que a deixe desconfortável, caia fora.

Todos os meus amigos e as minhas amigas que marcaram encontro pela Internet têm uma história para contar. Pode ser que algumas das histórias apresentadas neste capítulo pareçam engraçadas, e de certa forma são mesmo, mas não é nada engraçado quando você acaba realmente se envolvendo com um psicopata. Tenho observado que o número de clientes meus que conhecem pessoas em salas de bate-papo virtuais ou *sites* de relacionamento está aumentando, como seria de esperar, com o uso cada vez mais disseminado da Internet. Os três fatores que tornam a Internet tão atraente para meus clientes criminosos são:

1. O *anonimato* que ela permite*:* tive um cliente que mantinha vinte contas de *e-mail* para assumir vinte identidades diferentes, desde uma menina de 12 anos de idade até um avô de 70 anos.
2. A *gratificação instantânea* que ela oferece*:* você pode fazer contato com pessoas simplesmente pressionando um botão, sem precisar sair para tentar conhecê-las em um bar ou no trabalho.
3. A *acessibilidade* que ela proporciona*:* a Internet coloca o psicopata diante de um imenso número de pessoas de todos os tipos que, de outra forma, ele precisaria de várias vidas para conhecer.

Com isso em mente, vamos analisar como é possível identificar os sinais de um psicopata pela Internet.

OS SETE SINAIS DO NAMORADO PSICOPATA

Susie acabou de completar 40 anos. Há um ano, ela passou por um divórcio, do qual ainda está se recuperando. Apesar de não ter filhos, essa foi uma experiência bastante dolorosa. Suas amigas a estão incentivando a voltar a namorar. Susie está nervosa, mas acha que deveria tentar. Ela gostaria de amar novamente; um homem bom, gentil, que a faça rir e goste dela do jeito que ela é. Apesar do divórcio, não tem nada contra os homens e está disposta a depositar suas esperanças em um novo relacionamento. Ela se conectou.

O primeiro cara a lhe enviar um "Wink" foi Roger007. Ela gosta da aparência dele na foto (cabelos castanhos, olhos azuis, sorriso maroto). Susie também envia um "Wink" para Roger007. Depois de alguns e-mails, Roger007 confessa que está completamente apaixonado por ela – "É com você que eu sonho", escreve ele. "Não posso viver sem seu amor."

Susie acha essa reação um pouco exagerada. Ela quer que um homem fique louco por ela, mas, no mínimo, ele está entusiasmado demais. Mesmo assim, ela acha que merece um cara bacana. Então, responde ao e-mail dele exatamente no mesmo tom.

Os e-mails não param de chegar. Em sua maior parte, as mensagens são agradáveis. Roger costuma descrever seu dia e os passeios com seu cachorro. Mas nos últimos parágrafos há algumas frases excessivamente sentimentais. "Você está em meus braços e quero segurá-la", diz ele. "Estou lhe dando este coração de ouro."

Tem alguma coisa errada nessa história, mas Susie não sabe dizer o que é. Talvez ele seja uma pessoa muito emotiva. Então ela recebe o que acabou sendo o último e-mail de Roger. A mensagem era curta. "Todas as noites, em meus sonhos, eu a vejo, eu a sinto", diz ele. "É assim que eu sei que você segue em frente."

Roger007 não está loucamente apaixonado – ele apenas está usando trechos das canções de Celine Dion. Susie, sensatamente, o bloqueia.

Sinais 1 e 2 Roger007 exibiu o traço de personalidade psicopata chamado de "charme superficial". Os psicopatas não sentem empatia. Para falar o que sabem que os amantes querem ouvir, eles simplesmente repetem palavras que encontraram em algum lugar. Como ficam ansiosos para manipular e convencer uma possível parceira sexual a fazer o que eles querem, declaram amor e demonstram sentimento profundo logo no início. Como suas palavras não expressam seus sentimentos, eles "exageram nas atitudes" Essa demonstração de emoção rasa é conhecida como "afeto superficial". Se você acha que eles se apaixonaram rápido demais, você está enganada. Eles nunca se apaixonam.

Ainda assim, Susie não desiste. *Tem sempre alguém*, pensa ela. O próximo é Harry69. A dica, ela se dá conta mais tarde, está no nome. No início, ele é bastante agradável – adora fazer longas caminhadas no campo e procura um relacionamento duradouro –, mas, no terceiro e-mail, menciona outras mulheres daquele mesmo *site* e a faz perceber que ele só está interessado em sexo – e rápido. No quarto e-mail, sugere sexo a três e se gaba de ter dormido com duas irmãs gêmeas lindíssimas. Ainda por cima pergunta se ela gosta do *site* hotsex999.com. Outro bloqueio. Tchauzinho, Harry69.

Sinal 3 Os psicopatas costumam ficar entediados e, por isso, precisam de estimulação – o comportamento sexual promíscuo é uma maneira de obter essa estimulação. Eles não entendem que não fica bem sugerir sexo pornográfico antes mesmo de ter saído uma vez com a pessoa. Na visão deles, eles estão simplesmente tentando satisfazer às suas necessidades, e talvez você possa ajudá-los.

Pobre Susie... Ela não está tendo muita sorte. Será que um homem se sairia melhor? Ronnie tem vinte e poucos anos e está realmente tentando conhecer alguém especial. Quando vai a algum bar, acha difícil avaliar uma mulher apenas durante um ou dois drinques: ele preferiria trocar alguns e-mails com alguém para que eles pudessem se conhecer aos poucos. Dairylea1976 parece ser adorável. Na foto, ela tem uma expressão um pouquinho desolada, o que Ronnie acha cativante. *Ela precisa de alguém que cuide dela*, pensa ele. Em pouco tempo eles começam a se abrir um para o outro. Dairylea1976 diz que teve uma infância turbulenta e que, desde os 13 anos, entra e sai de centros de detenção. Mas é que ela estava tentando fugir do pai que batia nela e do irmão que a usava como bode expiatório para seus próprios erros. Aos 20 anos, teve uma rápida passagem pela prisão, mas isso foi obra de uma fatalidade – uma amiga "plantou" cocaína nela e a polícia deu uma batida no bar em que ambas estavam. Mas ela aprendeu a lição e agora está tentando dar uma guinada em sua vida.

Sinal 4 Ronnie sente pena de Dairylea1976, mas deve ficar de sobreaviso. Problemas precoces de conduta são um sinal de alerta que ele não deve ignorar. Isso sem mencionar o fato de ela culpar todo mundo por suas condenações.

Ronnie garante que compreende tudo o que ela passou – ele também passou momentos difíceis na infância. Além disso, um dia ou outro todo mundo tem algum problema com a polícia, não é? Ele diz que ela está correta em refazer a vida dela depois de tudo aquilo. Mesmo assim, acha que deve conhecê-la um pouco melhor antes de marcarem um encontro. Portanto, quando ela sugere que eles se encontrem, ele hesita. "Talvez daqui a algumas semanas", responde ele, "depois que tivermos trocado mais e-mails e conversado um pouco mais."

Mas Dairylea1976 fica chateada. "Por favor", pede ela, "vamos marcar um encontro logo." E então ela revela algo realmente chocante: ela só tem mais seis meses de vida. Ela não queria lhe contar, mas realmente gosta dele e tem medo de, se não se conhecerem logo, perder essa última chance de amar.

Sinal 5 É lógico que era mentira. Dairylea1976 está enganando Ronnie para convencê-lo a se encontrar com ela. A frase "tenho seis meses de vida" pode soar radical, mas aconteceu com um cliente meu – por compaixão, ele compareceu a um encontro. Qualquer apelo sentimental em um primeiro encontro é sinal de manipulação: uma manobra que o psicopata usa para obter aquilo que deseja. Cuidado com melodramas muito cedo (normalmente, você não deixaria para mais tarde, depois que tivesse criado uma imagem positiva de si mesmo?), assim como bajulação excessiva ou qualquer tipo de comportamento cujo intuito é fazer com que você se sinta como se lhe devesse algo. Se, por exemplo, ele fizer o maior estardalhaço por ter pagado a conta do restaurante ou viajado quilômetros para vê-la, está sendo manipulador. Pelo amor de Deus, esse é o primeiro encontro! Ele deveria estar empolgado, e não agindo como se estivesse lhe fazendo um grande favor.

Uma história mais comum, talvez: duas pessoas se conheceram pela Internet, e, quando se encontraram, uma delas não se parecia em nada com a foto que havia postado no *site*. Nosso candidato da Internet, Penguin89, é pelo menos seis quilos mais gordo e uns trinta centímetros mais baixo do que a pessoa da foto mostrada em seu perfil. Mas ele não está nem um pouco preocupado com isso – ele usa a foto do irmão, pois, caso contrário, não teria nenhuma resposta no *site*. A moça, Jennifer, fica decepcionada com isso, mas provavelmente reconhece que ele está longe de ser o primeiro a trapacear com sua imagem *on-line*. O que a deixa um pouco apreensiva são outras coisas. Penguin89 entra em contradição em relação às histórias que lhe contou por e-mail – sobre o emprego do pai, onde ele ficou preso e por que, falou do seu emprego atual e até mesmo citou o nome do sobrinho e disse onde ele passou as últimas férias de verão. Quando Jennifer comenta que ele havia dito que tinha sido nas Ilhas Galápagos, e não na Costa do Sol, Penguin89 apenas ri e diz: "Ah, sim, você tem razão. Não, não fui para lá." Desarmada por essa resposta, ela decide ignorá-lo.

Sinal 6 Penguin89 é um mentiroso patológico. Uma coisa é postar uma foto sua na qual está dez anos mais novo, outra completamente diferente é usar a foto de outra pessoa. E essa facilidade para não dar importância a histórias que não batem nem um pouco é a clássica resposta de um mentiroso experiente. Jennifer decide desistir do cara. Ela termina rapidamente seu gim-tônica, vai para casa e bloqueia Penguin89.

Vamos falar agora de Brian, que recentemente passou por uma espécie de crise da meia-idade e está com dificuldade para encontrar a mulher certa *on-line*. Mas ele ficou esperançoso com a última pessoa com quem começou a trocar e-mails e acha que sua sorte pode mudar com Lobster4. Depois de toda a intensidade emocional dos encontros virtuais anteriores, Lobster4 é uma mudança intrigante. Ela é bem mais nova que ele, mas diz que gosta de homens mais velhos, e Brian gostaria de curtir um pouquinho. Ela não comenta nada sobre trabalho, mas tem uma lista de *hobbies* que chama a atenção: esqui fora de pista, canoagem em corredeiras, escalada, rali de motocicleta... Será que ela tem grana para poder fazer todas essas atividades? Depois de trocarem alguns e-mails, Lobster4 sugere que ele a apanhe na manhã seguinte para passarem o dia fora. Talvez até mesmo uns dias. Ela conhece um hotel encantador em Brighton. Eles poderiam fazer um piquenique na praia e, à noite, ir a uma casa noturna. Brian fica alarmado. É mês de março e está frio. Há anos não vai a uma casa noturna, e quanto a passar alguns dias com alguém que ele nem mesmo dividiu uma garrafa de vinho...

Brian decide dar um basta nessa situação. Ele apaga sua conta no *site* e convida um amigo para ir a um bar local. Ele sempre teve uma queda pela irmã desse amigo. Talvez esteja na hora de falar sobre isso com ele entre uma cerveja e outra.

Sinal 7 Brian fez bem em seguir seus instintos em relação a Lobster4. Embora uma pessoa bem-sucedida e dinâmica possa muito bem ter uma lista de *hobbies*, o que ele fatalmente descobriria em breve era que ela só havia experimentado cada um desses esportes uma ou duas vezes e ficado entediada. Esse fato, os passatempos inadequados e seu desejo de viajar junto com ele tão cedo são sinais de necessidade extrema de estimulação. Lobster4 não ficaria muito tempo com Brian.

VOCÊ SAIU COM UM PSICOPATA?

Aqui está o perfil de quatro pessoas – será que você consegue identificar o psicopata?

Tipo A: Você o conheceu pela Internet – e ele já lhe disse que você é a moça mais bonita que ele já viu. Para o primeiro encontro, você não planejou nada de especial – pegou-o na estação de metrô e foram para o primeiro bar que encontraram. A primeira coisa que ele disse quando a viu foi que você estava deslumbrante, e perguntou se podia tocar seus cabelos. No bar, ele pede dois chopes e duas doses de tequila para acompanhar. Vocês começam a conversar e a se conhecer melhor. Ele diz que gosta de esqui fora de pista e corrida de *drag-car*. Mais tarde, entre uma taça e outra de vinho, ele reclama da vida e diz que sua família o odeia. A conversa enverada para a política – e você percebe que ele tem opiniões contrárias as suas sobre o governo atual. Mas, assim que você diz isso, ele volta atrás e fala que não, que entende seu ponto de vista e que, quando pensa sobre isso, concorda com você. Antes de terminarem o jantar, a garçonete vai até a mesa para encher as taças de vinho e, sem querer, derrama um pouquinho na calça dele. Ele pergunta que diabos ela pensa que está fazendo e exige a presença do gerente – ele quer que a refeição seja retirada da conta. O gerente diz que não pode descontar toda a refeição, mas que não cobrará o vinho. Porém, quando você está vestindo o casaco, crente que ele vai pagar a conta, ele agarra sua mão e começa a correr. Lá fora, um pouco sem fôlego, ele a convida para ir ao apartamento dele. "Tudo bem", diz ele, "eu tenho camisinhas."

Tipo B: Vocês se conheceram por intermédio de um amigo em comum, que achou que vocês foram feitos um para o outro. Para o primeiro encontro, ele reservou uma mesa num restaurante local e passou na sua casa às 19h30. Ele disse que você estava linda e abriu a porta do carro. No bar do restaurante, antes do jantar, ele pede as bebidas, mas não toma nenhuma bebida alcoólica, porque vai dirigir. Você fica sabendo que seus passatempos prediletos são pescaria e xadrez, que seus pais estão aposentados e que ele gostaria de viajar para a Espanha ainda este ano. Quando começam a falar sobre política e fica claro que ambos têm opiniões divergentes, ele diz que seu ponto de vista é válido, mas que mantém sua opinião. Quando a garçonete derrama vinho em sua calça, ele diz que não tem importância e limpa a calça com um guardanapo. Terminada a refeição, a conta chega e ele recusa suas tentativas de pagar, dizendo: "Esta é minha. Da próxima vez, quem sabe...". No final da noite ele a deixa em casa, despede-se com um beijo no rosto e pergunta se pode telefonar novamente.

Tipo C: Você o conheceu em um bar – ele elogiou seu cabelo e perguntou se podia lhe pagar uma bebida. No primeiro encontro, ele a apanhou em casa, em um carro esporte, e sugeriu um passeio à beira-mar, embora fosse pleno inverno. Ele disse que você estava deslumbrante e perguntou de que cor era a sua calcinha. No caminho, vocês param em um bar, mas saem rapidamente, pois você percebe que ele estava prestes a brigar com o *barman* porque achou que você estava flertando com ele. Nas horas vagas, ele gosta de praticar qualquer tipo de esporte radical e de assistir a filmes de terror. Ele até mesmo se gaba de se meter em brigas de vez em quando, e diz que sempre ganha. Quando o assunto envereda para a política e você dá a sua opinião a respeito das últimas declarações do primeiro-ministro sobre política externa, ele fica furioso e diz que você não sabe o que está falando. Quando cai vinho em sua calça, ele fala para a garçonete "cair fora", enquanto ela limpa a calça dele. Em seguida, agarra sua mão e diz que vocês vão embora – sem pagar a conta. Vocês vão para a casa dele, tomam mais vinho e fazem sexo no sofá. Assim que terminam, ele pede para você ir embora. Quando você está saindo, ele diz que gostaria de vê-la novamente na noite seguinte, mas bem tarde – ele vai aparecer por lá depois da noitada com os amigos.

Tipo D: Vocês se conhecem quando ele responde seu anúncio na seção de "relacionamentos" do jornal. Foi você quem organizou o primeiro encontro – um jantar em um restaurante estrelado pelo *Guia Michelin* que você sempre quis conhecer. Ele fica um pouco desconcertado com o fato de você ter feito a reserva e diz que, da próxima vez, vocês poderiam ir ao restaurante que ele tinha planejado. Durante o bate-papo, ele diz que não tem nenhum *hobby* em especial, mas quando você menciona que gosta de escalada, ele diz que gostaria de experimentar. De modo geral, ele fala pouco. Diz que prefere não falar sobre ele, mas, sim, saber de você. "Testando o terreno" com um pouco de política, ele dá a opinião dele, mas, ao perceber que você pensa totalmente diferente, desculpa-se e diz que provavelmente você está certa e ele, errado. Quando a garçonete derruba vinho na calça dele, você imediatamente pede para falar com o gerente e exige que o restaurante pague a lavagem a seco. Seu acompanhante não diz nada. Quando chega a conta, você claramente deixa que ele a pegue. Ele fica pálido com o valor, mas não fala nada. No final da noite, ele a leva para casa e você sugere que ele suba para tomar café.

Respostas:

A Se o cara se encaixa no tipo A, ele não é psicopata, mas apresenta sinais claros de comportamento agressivo e prejudicial às pessoas que o rodeiam. Seria melhor recusar um segundo encontro.

B Se ele se parece com o tipo B, provavelmente é gente fina. Mas pode-se ver também que, embora ele seja uma boa pessoa, às vezes, não parece tão fascinante quanto um psicopata. Você precisa analisar se, no longo prazo, é melhor estar na companhia de alguém gentil e equilibrado do que de alguém interessante, porém ruim.

C Se você acha que o comportamento do tipo C lhe é bastante familiar, deve manter distância. Esse é um psicopata clássico que gosta de correr riscos sem ligar a mínima para segurança, nem a dele nem a sua, é parasita, tem pouco controle do comportamento, é extremamente presunçoso e propenso a se envolver em atividades criminosas. Não marque outro encontro. Ignore seus telefonemas.

D Se ele lembra mais o tipo D, definitivamente não se trata de um psicopata. Na verdade, possivelmente você é que está impondo sua vontade. Talvez fosse melhor fazer uma análise profunda de si mesma antes de marcar o próximo encontro amoroso.

DAVID CHECKLEY – O GOLPISTA DA INTERNET

Em setembro de 2010, David Checkley, de Mill Hill, Londres, foi preso por roubar 500 mil libras de mais de trinta mulheres em golpes de namoro virtual. Muitas dessas mulheres perderam quantias substanciais, sendo que uma delas perdeu até mesmo a própria casa. Checkley, de 53 anos, marcava encontros pela Internet e contava várias histórias dramáticas para as mulheres. Para algumas, dizia que era doente terminal de Parkinson; para outras, que tinha sido piloto de caça no Vietnã. Em seguida, pedia dinheiro. Às vezes, era para tratamento médico. Outras, ele falava que era um arquiteto ou incorporador de sucesso e que precisava de dinheiro para executar um projeto. Quando alguma mulher suspeitava de tramoia e pedia o dinheiro de volta, ele a ameaçava, tentando silenciá-la. As mulheres se deixavam levar por seu charme, acreditavam em suas histórias e, finalmente, eram intimidadas por suas ameaças.

PAIXÃO NA PONTE PÊNSIL

A boa-nova para os psicopatas é que medo e ansiedade aumentam o grau de atração. Essa foi a conclusão de uma pesquisa espantosa realizada em 1974 por Arthur Aron, psicólogo da Stony Brook University, em Nova York. Nessa pesquisa, homens comuns de 18 a 35 anos atravessavam a ponte sobre o rio Capilano em Vancouver, na Colúmbia Britânica – uma ponte estreita e instável de madeira, suspensa por cabos de aço a uma altura de 70 metros sobre rochedos e corredeiras. No meio da ponte, eles encontravam uma linda mulher, de questionário em punho. A mulher dizia que estava realizando uma pesquisa sobre lugares bonitos, fazia algumas perguntas e dava seu número de telefone, caso eles quisessem saber o resultado da pesquisa.

O mesmo experimento foi feito – com a mesma pesquisadora atraente – em outra ponte larga e estável, e apenas três metros acima de um riacho.

O resultado: os homens que atravessaram a ponte pênsil acharam a moça mais atraente, e cerca de metade deles telefonou para ela. Apenas dois dos dezesseis homens que atravessaram a ponte robusta e estável telefonaram para a moça.

Resumindo: o medo chamou a atenção dos homens e estimulou seus centros cerebrais que regulam as emoções. Certamente essa é uma tática original de sedução. A teoria é que, em algumas circunstâncias, as pessoas interpretam erroneamente as reações físicas de medo ou ansiedade como excitação sexual. Portanto, se você levar um namorado para assistir a um filme assustador, as chances de ele gostar de você serão maiores.

Mas enquanto um homem comum é capaz de deixá-la em um estado agradável de excitação (digamos, uma volta na montanha-russa), na esperança de conseguir um pouco de "ação" logo no primeiro encontro,[20] um psicopata poderá dirigir a 160 quilômetros por hora até o restaurante para divertimento dele, e não seu. Em outras palavras, se ele começar a rir do medo que você está sentindo, ele não estará fazendo isso em seu benefício.

Eu estava em um elegante clube de campo quando Harry se aproximou. Embora eu estivesse rodeada de amigos, ele não se intimidou e pediu meu número de telefone. Para não constrangê-lo na frente das outras pessoas, eu lhe dei. Quando ele me ligou no dia seguinte, pedi desculpas e disse que não podia encontrá-lo. Ele ligou mais duas vezes, e eu disse a mesma coisa. Harry continuou a telefonar. Depois de outros cinco telefonemas, eu concordei em me encontrar com ele dali a duas semanas e planejei simplesmente cancelar o compromisso. "Certamente, ele entenderá o recado", eu pensei. Mas, como eu estava ocupada no trabalho, acabei me esquecendo completamente e, de repente, chegou o dia. Apressada e furiosa comigo mesma, cheguei ao clube, e Harry me acompanhou até a cantina. Enquanto ele foi pegar lasanha e vinho tinto, topei com uma antiga colega de escola. Quando minha amiga percebeu que eu estava com Harry, seu humor mudou. "Vá embora daqui agora!", disse ela. Fiquei atônita. "Ele é um cara perigoso, já mandou duas mulheres para o hospital. Se você resistir aos seus avanços, ele ficará furioso. Afaste-se dele." Nesse momento, Harry chegou com a bandeja de comida. Jantei em quatro minutos exatos e disse que estava indo embora. Ele pareceu surpreso. "Tenho namorado", menti. "Eu não devia ter vindo." Estava começando a escurecer, por isso caminhei a passos rápidos até meu carro enquanto Harry corria atrás de mim. Levantei a mão e disse para ele recuar. "Não me siga até o carro", disse eu. "Então, quando vamos nos ver novamente?", gritou ele.

NAMORO PELA INTERNET – O PARAÍSO DOS PSICOPATAS?

Nos últimos anos, houve um aumento sem precedentes de namoros virtuais. O que antigamente era visto como o último recurso dos desesperados, hoje virou rotina e é tão aceito quanto ir a um bar qualquer. Para cada tipo de pessoa que você quiser conhecer há um *site* para encontrar seu par virtual. Não importa se você mora em uma grande metrópole ou na zona rural, esses *sites* são como maná que caem do céu.

Mas – assim como na vida real – na Internet também existem pessoas boas e pessoas ruins. Da mesma maneira que você se protegeria no mundo real, precisa se proteger no mundo virtual. Não revele muitas coisas sobre você logo no começo. Vá com calma. Não conclua imediatamente que aquele é "o cara certo". A última coisa que você deve fazer é considerar cada possível candidato virtual como aquele que vai preencher o doloroso vazio da sua vida. É essa vulnerabilidade que a identificará como presa fácil.

Pela Internet, é muito mais fácil as pessoas criarem identidades para si próprias, atrás das quais possam se esconder. Aquele e-mail espirituoso e bem escrito? Provavelmente *foi* bastante burilado e, depois, copiado, colado e enviado a diferentes perfis virtuais – ao vivo, essas pessoas não conseguiriam se expressar tão bem. Cuidado com as fotografias (por mais honestos que sejamos, sempre mandamos a foto em que estamos em nosso melhor ângulo). Verifique se as informações sobre a pessoa são verdadeiras. E o mais importante de tudo: espere até vocês se conhecerem pessoalmente para ver o que você realmente acha.

SINAIS DE ALERTA NO PRIMEIRO ENCONTRO

Uma breve lista: se ele exibir a metade destes sinais, que correspondem aos traços da escala PCL-R (veja o Capítulo 1), você está na zona de perigo.

- Tem uma marca branca no lugar da aliança = *Mentira patológica*
- Dirige em alta velocidade ou bêbado, apesar dos seus apelos = *Irresponsabilidade*
- Ele passou em você uma cantada na rua = *Impulsividade*
- Espera que você se deslumbre com sua glória = *Grandiosidade*
- Muda de opinião rápido demais, para poder concordar com você = *Afeto superficial*
- ou... é extremamente agressivo quando você discorda dele = *Descontrole comportamental*
- É gentil com você, mas grosseiro com o garçom ou o motorista de táxi = *Charme superficial*

- Pega dinheiro emprestado para sair com você = *Estilo de vida parasitário*
- Supõe que o encontro vai terminar em sexo = *Presunção*
- Fala em se mudar para a sua casa no primeiro encontro = *Estilo de vida parasitário ou Impulsividade*
- Não percebe que você está desconfortável com sua intensidade emocional ou seus modos excessivamente insinuantes = *Falta de empatia*
- Conta histórias em que é a vítima trágica ou o grande herói = *Narcisismo*
- Não faz nenhuma pergunta sobre você = *Sentimento grandioso acerca da própria importância*

SERÁ QUE ISSO É AMOR OU SÃO OS HORMÔNIOS?

Um estudo revelou que os profissionais da área de saúde mental que precisam entrevistar psicopatas apresentam várias reações físicas relacionadas com medo e ansiedade, inclusive enjoo de estômago, tremores musculares, palpitações e calafrios.[21] Todos esses sintomas são bastante semelhantes aos que as pessoas podem apresentar em um primeiro encontro de natureza amorosa.

Mas talvez os hormônios expliquem essas reações. Evidências empíricas indicam que muitos psicopatas costumam fixar o olhar intensamente, tornando difícil decifrar seus sentimentos. As pessoas podem se sentir confusas e intimidadas com isso – o que ajuda o psicopata a controlá-las e dominá-las.

Mas como saber se o cara com quem você saiu é um psicopata e está comendo você com os olhos ou apenas sente atração por você?

Quando sentimos atração por alguém, costumamos olhar em seus olhos. Isso desencadeia a liberação de oxitocina, o "hormônio do amor", que estimula sentimentos de romantismo e desejo sexual. Até mesmo na ausência de uma atração sexual inicial "o olhar" pode ser algo muito forte. O professor Arthur Aron, da State University of New York, em Stony Brook, juntou pares de desconhecidos de sexos opostos durante noventa minutos e pediu que conversassem sobre detalhes íntimos da vida deles. Em seguida, pediu que olhassem fixamente nos olhos uns dos outros por quatro minutos, em silêncio. Depois da experiência, muitos participantes disseram que sentiram uma grande atração por seus parceiros, e um dos pares acabou se casando seis meses depois.

Os níveis de oxitocina são muito mais elevados nas mulheres, principalmente nas que estão na faixa dos vinte anos. Portanto, moças, se um psicopata estiver encarando vocês, não o encarem também – ou na manhã seguinte vocês poderão se perguntar como é que foram parar na cama deles ou como se casaram com eles.

O "EFEITO HALO"

"Efeito halo" é um termo empregado por psicólogos especializados em psicologia social para descrever a atribuição de todos os tipos de qualidades a uma pessoa com base na sua aparência. É assim chamado porque permitimos que uma ou duas características se sobreponham a todas as demais, assim como faz um halo, que é fenômeno óptico causado pela luz ou encontrado em imagens religiosas. De modo geral, imaginamos que as pessoas bonitas têm mais personalidade, são mais calorosas e até mesmo boas de cama. Esse efeito tende a ocorrer com mais frequência quando não temos informações suficientes sobre uma pessoa – por exemplo, em um primeiro encontro ou com base apenas no perfil de um *site* de namoro.

Temos tendência também a perdoar ou desculpar mais facilmente o comportamento de uma pessoa bonita: estudos revelaram que réus atraentes têm mais chances de serem considerados inocentes.[22] Existem várias teorias sobre o motivo disso: segundo uma delas, a primeira impressão que temos de uma pessoa influencia nossas percepções posteriores por causa de expectativa; segundo outra, beleza é um traço dominante, portanto, presumimos que todos os traços restantes sejam condizentes; segundo outra, ainda, sempre consideramos as pessoas "boas" ou "más", sem meio-termo.

Em suma, os psicopatas conseguem desarmar as pessoas com charme, e – quando além de charmosos eles são bonitos – essa é uma combinação perigosa, pois sua beleza pode transmitir uma falsa sensação de segurança. Fique de sobreaviso se não tiver muitas informações sobre alguém – como num primeiro encontro ou numa entrevista de emprego –, pois o efeito "halo" poderá fazer você ignorar os sinais de alerta.

RESUMO E RECOMENDAÇÕES

Como se o fato de iniciar um relacionamento amoroso não fosse motivo suficiente de aflição, agora temos de nos preocupar também com os psicopatas. Mas os relacionamentos devem ser prazerosos, portanto, existem maneiras de se proteger.

Em primeiro lugar, não faça julgamentos apressados. Os psicólogos levam várias horas e se baseiam em diversas fontes de informações para identificar o grau de psicopatia de alguém; sendo assim, você não vai conseguir fazer isso em apenas um encontro.

Embora os encontros virtuais sejam uma vantagem no mundo frenético atual, é sempre melhor conhecer alguém "no mundo real", para que você possa vê-lo em um contexto, com amigos, colegas de trabalho ou até mesmo familiares. Nesse caso, converse com essas pessoas. Em um artigo publicado na revista *More* (setembro de 2010), intitulado "Memoir: Dating A Psychopath", Chelsea Mitchell aconselha as pessoas a acreditarem quando uma mãe diz que não gosta do próprio filho. Você não acha bastante revelador o fato de as pessoas com as quais ele convive não gostarem dele? "Eu me lembro de a mãe dele ter me contado que ele era ruim", disse Chelsea. "Mas achei que fossem lamúrias de uma velha doente."

Se for usar um *site* de namoro, use um que seja conhecido, que os membros precisem pagar para se inscrever; ele protegerá seus dados pessoais e terá medidas contra uso inapropriado. Veja se você pode "bloquear" pessoas quando não quiser saber delas.

Observe as regras usuais de segurança – marque encontro em um local público, informe a uma amiga para onde você está indo, tome as providências necessárias para ir e voltar sozinha, leve o celular carregado, não fique bêbada nem tire os olhos do seu copo de bebida.

Desconfie de uma pessoa que sofre de Síndrome de Excesso de Informação, principalmente se ela lhe contar uma história de arrancar lágrimas ou histórias implausíveis sobre seu heroísmo. Pergunte a si mesma: será que essa história é verdadeira ou está cheia de incoerências?

Do mesmo modo, não sofra de Síndrome de Excesso de Informação. É preciso algum tempo para se conhecer alguém. Você não precisa dar seu endereço, contar toda a história da sua vida e revelar todos os seus pontos fracos no primeiro encontro (os psicopatas vão adorar essas informações, mas, se o cara não for um psicopata, você vai afugentá-lo). Será ótimo se ele estiver interessado em você, mas desconfie de qualquer pessoa que pareça estar tentando arrancar informações de caráter financeiro ou muito pessoais.

Evite tratar o encontro como uma entrevista de trabalho, mas lembre-se de que não há nada de errado em fazer perguntas sobre os amigos e familiares dele, bem como sobre seus planos para o futuro. Será que ele pode dar mais detalhes sobre as pessoas e os projetos que ele diz que são importantes para ele?

Por fim, tente não ficar cega por causa de grandes gestos românticos e galanteios no primeiro encontro. Se alguém parece ser bom demais para ser verdade... pode ser que seja mesmo.

6

SEU FILHO É PSICOPATA?

Como pais, nós nos preocupamos em fazer o melhor por nossos filhos e queremos acreditar que nosso amor será o suficiente para fazer aflorar o que eles têm de melhor. Por isso, ficamos desorientados, e até assustados, quando eles se comportam mal, apesar de saber que o mau comportamento faz parte do processo normal de desenvolvimento na primeira infância e, depois, na adolescência.

Quando se afastam dos pais, buscando sua independência e explorando o mundo, tanto as crianças pequenas como os adolescentes costumam testá-los com comportamentos extremamente egoístas e inconsequentes. Mas qual é o ponto em que devemos nos preocupar em saber se nosso filho cruzou a fronteira que separa a normalidade da psicopatia?

Há também a questão do que é uma "boa" criação. A má criação parece óbvia – negligência, abuso, exploração –, mas o excesso de cuidado dos pais pode dar origem ao narcisismo. A criança nasce psicopata ou são os pais que a tornam psicopata? Existem outros fatores externos, como exposição à violência na tela da televisão ou do cinema ou à dinâmica do grupo de amigos, que poderiam influenciar uma possível psicopatia da criança?

Fui acordada esta manhã – como sempre sou – ao romper da madrugada, com o som de meu filho jogando seus brinquedos na parede de seu quarto. Johnny tem 3 anos de idade, mas a "fase terrível dos 2 anos" já dura vinte meses. Eu me preparo para o longo dia que terei pela frente e tento descobrir se hoje será o dia em que Johnny usará as roupas que eu escolhi para ele. Desnecessário dizer que não será. Na verdade, depois de uma batalha de quarenta minutos, ele está usando meias esquisitas, os chinelos de porquinho de sua irmã Maisie e a roupa completa do Super-Homem, com capa e tudo. Faz dois meses que ele não tira essa roupa. Antes, ele era o Batman. Eu não ligaria tanto se ele não estivesse convencido de que pode voar ao usar essas roupas; apesar do calor do verão, todas as janelas têm de ficar muito bem travadas para que ele não tente pular.

O café da manhã é rápido, mas não porque Johnny esteja com fome. É rápido porque, assim que coloco a tigela de cereal na sua frente, ele a atira no chão. E me olha bem nos olhos quando faz isso.

Nesse momento, eu já me sinto exaurida – e são apenas 8h. Então, eu o coloco no cercadinho para ver se consigo enviar alguns e-mails. Depois de vinte minutos, fico incomodada – com o silêncio assustador. Olhando em seu quarto, vejo que Johnny está profundamente empenhado em rasgar o meu diário – página por página. Não sei como ele o pegou, mas, antes que eu possa começar a lhe fazer perguntas, ele me vê e começa a berrar. Em seguida, atira-se ao chão, batendo a cabeça.

Achei que talvez fosse melhor sair de casa e ir ao supermercado. Ele estava disposto a entrar no seu carrinho de bebê – mas só depois de trocar o casaco que eu tinha escolhido para ele.

Infelizmente, hoje eles estavam fazendo uma promoção no supermercado. Logo que entrei, vi uma mulher distribuindo pequenos potes de sorvete de chocolate: a última coisa de que meu Johnny hiperativo precisa. Tentei me afastar do seu campo de visão, mas era tarde demais – ele a viu. O pedido de sorvete começou na seção de frutas e durou todo o caminho até a padaria. Seus gritos foram ficando cada vez mais altos, e os olhares de outros clientes dirigidos a mim eram cada vez mais gélidos. No caixa, ele ficou quieto – porque estava prendendo a respiração. Seu rosto foi ficando azulado até que eu cedi e fui pegar um sorvete para ele. Quando olhei para Johnny de longe, ele estava feliz mastigando as batatinhas que tinha arrancado de uma menininha de olhos azuis do carrinho ao lado. Ele me deixou tão louca que eu lhe disse que não iria ao parque naquele dia. Ele gosta de ser empurrado bem alto no balanço, a uma altura tão grande que fico com medo que ele caia. Obviamente, quando eu lhe disse isso, seus lábios inferiores começaram a tremer e ele começou a chorar. Isso me fez sentir a pior mãe do mundo, então, eu o levei ao parque.

Quando o pai dele chegar em casa, perguntará a Johnny o que ele fez hoje e ele dirá o que sempre diz: "Voei até a Lua e voltei". O pai aprendeu a não contradizer essa versão dos eventos do dia por enquanto.

Eu teria mais coisas para contar, mas, francamente, estou exausta. Na próxima semana, sairemos de férias por quinze dias, e a simples ideia da viagem de avião já está me deixando doente. Não sei se consigo aguentar mais.

Jenny, 36 anos, mãe exausta

Jenny deve procurar saber se o seu filho está manifestando alguns dos traços característicos de psicopatia? Afinal, a psicopatia tem de começar em algum ponto, não é? As fantasias de Super-Homem podem indicar grandiosidade; rasgar o diário da mãe mostra irresponsabilidade; as birras são um claro sinal de falta de controle; a troca aleatória do casaco é simplesmente impulsividade; ele precisa de estímulo extremo, como podemos ver por suas exigências no balanço; e a fantasia de voos à Lua pode ser um sinal claro de que ele é um mentiroso patológico. Mas isso não significa que Johnny esteja mostrando sinais de uma disfunção que perdurará pela vida afora e que poderia terminar em uma condenação de 25 anos por assassinato, não é?

Pode ser que Johnny seja, simplesmente, uma criança bastante comum. Essa alternativa é a mais provável. Apesar de algumas pesquisas alarmantes,[23] que sugerem que os traços de psicopatia em adultos podem ser rastreados até a idade de 3 anos, é sempre melhor partir do princípio de que os "problemas" com seu filho fazem parte do desenvolvimento natural infantil.

Existem duas fases no desenvolvimento emocional da criança em que se espera que "traços de psicopatia" apareçam, pelo menos até certo ponto. Johnny está claramente em uma delas. De 2 a 3 anos de idade, as crianças estão começando a desenvolver suas habilidades mentais de raciocínio, mas ainda são muito egocêntricas e não conseguem distinguir direito a fantasia da realidade. Elas começam a afirmar sua independência, mas frustram-se rapidamente quando não conseguem atingir seus objetivos. Como nessa fase elas não são nada sutis, essa frustração se manifesta na forma de acessos de raiva, comportamentos cruéis e escolhas bastante estranhas.

A segunda fase de "psicopatia do desenvolvimento" é a adolescência. Os psicólogos evolucionistas descrevem esse período como um período de "tempestade e stress". É um momento em que os hormônios, o corpo em transformação e o aumento dos níveis de responsabilidade conspiram para transformar crianças, que antes eram umas gracinhas, em diabinhos beligerantes, rabugentos e inflexíveis. Para o renomado psicólogo Erik Erikson, todos os adolescentes passam por uma fase de "confusão de identidade", em que são temperamentais e obcecados com a forma como são vistos pelos outros e passam por uma variedade de comportamentos que normalmente desafiam os limites que lhes foram impostos pela sociedade.

MUDANÇAS QUE OCORREM NO CÉREBRO DE ADOLESCENTES

Os neurocientistas acreditam que, assim como o cérebro das crianças é "moldado" nos primeiros anos de vida, durante a adolescência também ocorrem algumas reestruturações fundamentais.[24]

Os lobos frontais e parietais, especificamente relacionados com autocontrole, apresentam um crescimento repentino entre 10 e 12 anos. A esse crescimento segue-se uma drástica redução das conexões

> sinápticas durante a adolescência. Assim como as árvores são podadas, o cérebro parece eliminar aquilo que é supérfluo e reforçar as vias de processamento ordenado.
>
> Isso significa que boa parte do comportamento do adolescente pode ser atribuída a um cérebro imaturo e em fase de desenvolvimento, e não que ele realmente odeie você. (Porém, é importante dizer, pode ser que ele odeie.)

Então, em que ponto os comportamentos passam de normais a profundamente preocupantes?

Podemos buscar a resposta na versão para jovens da escala PCL-R, que é usada para adolescentes entre 12 e 18 anos de idade. Essa escala foi desenvolvida porque a psicopatia tem de começar em algum ponto, mas as crianças têm menos experiência de vida e menos oportunidade de esconder seus traços psicopáticos. Assim, foi criada uma escala que pudesse medir as principais características nos primeiros anos de vida, ou seja, quando elas já podem ser observadas. De acordo com essa escala, se uma criança ateia fogo ao seu quarto para se divertir, bate com frequência na irmã caçula, provoca sexualmente meninas mais novas na escola e, com 12 anos, já foi presa quatorze vezes... então, sim, há razão para preocupações. Isto é, *desde que* ela tenha crescido numa família amorosa e estável, com disciplina apropriada, e não tenha sofrido abusos – seja por meio de intimidação, negligência, violência física ou abuso sexual – praticados pelas pessoas que compõem o seu mundo, sejam elas do círculo de amigos, da escola ou da sua família mais ampla.

O QUE CAUSA A PSICOPATIA?

Os cientistas ainda não sabem responder de maneira definitiva se a psicopatia é obra da natureza ou da criação. Em outras palavras: a psicopatia é totalmente genética ou é produto de falhas de criação? É possível que uma criança nascida em uma família amorosa possa crescer exibindo vários traços de psicopatia? (A senhora Hitler era uma mãe normal e carinhosa?) Será que alguns pais pouco podem fazer a não ser observarem horrorizados o seu "anjinho" trair repetidas vezes sua confiança e seu amor?

Existem várias correntes de pensamento: somos produtos do ambiente, de nossos genes ou, ainda, de uma combinação de ambos. Como sabemos, os psicopatas exibem várias anormalidades neurobiológicas (por exemplo, as pesquisas que medem a atividade elétrica cerebral de pessoas que são solicitadas a ler e a reconhecer palavras que aparecem em uma tela de computador mostram que pessoas "normais" reagem muito mais rapidamente a palavras escritas como "morte" ou "estupro" do que a palavras neutras. O cérebro de psicopatas não faz nenhuma distinção. Mas é praticamente impossível saber se as diferenças entre esses cérebros são determinadas antes do nascimento ou moldadas no início da infância.

Certamente, existem vários psicopatas que foram criados em um ambiente de violência e que, mais tarde, reproduziram em crimes violentos as lições de agressão e abuso que aprenderam com seus pais. Mas existem muitas outras crianças que sofrem abusos e não se tornam psicopatas.

A opinião de Hare é que "a psicopatia é resultado de uma complexa – e mal compreendida – interação entre fatores biológicos e forças sociais".[25] Em outras palavras, uma combinação de natureza e criação. Um estudo mostrou que enquanto os criminosos oriundos de um ambiente familiar instável comparecem pela primeira vez ao tribunal, em média, aos 15 anos de idade, aqueles com ambiente familiar relativamente estável comparecem pela primeira vez ao tribunal com 24 anos. Isso indica que os que têm famílias disfuncionais têm maior probabilidade de iniciar mais cedo sua carreira no crime. Mas isso se aplica apenas a criminosos não psicopatas.

A criança psicopata inicia na delinquência juvenil, em média, aos 14 anos de idade, *tenha ou não* uma família disfuncional. Em suma, mesmo que a criança psicopata tenha uma família amorosa, ela iniciará sua atividade criminosa muito cedo. (Mas Hare reconhece que os psicopatas são afetados pela instabilidade familiar, pois os que têm família disfuncional são mais propensos a cometer crimes *violentos*.)

Hare faz questão de salientar que isso não elimina totalmente a responsabilidade dos pais: "O comportamento dos pais não pode ser responsável pelos ingredientes essenciais do transtorno, mas pode ter muito a ver com a forma como a síndrome se desenvolve e se expressa."

Não resta dúvida de que as crianças desenvolvem sua consciência observando os seus "modelos de conduta". Em outras palavras, se você quiser que seu filho ou sua filha aprenda a diferença entre certo e errado, precisa mostrar-lhe essa diferença. As crianças precisam de experiência confiável para aprender, e a presença da disciplina severa e incoerente é uma constante na literatura de psicopatia.

ESTUDO DE CAMBRIDGE SOBRE O DESENVOLVIMENTO DA DELINQUÊNCIA

Este é um dos mais longos estudos já realizados sobre comportamento criminoso, com acompanhamento de 411 homens com idade entre 8 e 48 anos. As crianças foram escolhidas em áreas habitadas pela classe operária, ao sul de Londres, em 1961, e foram avaliadas várias vezes ao longo da vida adulta. O objetivo deste projeto é conhecer os fatores que contribuem para a infração juvenil e a continuidade ou não de uma vida de crimes.

O estudo constatou que mais da metade da amostra infringiu a lei em algum momento, com o ápice da atividade criminosa aos 17 anos. Mas os que iniciaram sua carreira de crimes em idade mais precoce tenderam a cometer a maior parte dos delitos e a continuar a praticar delitos durante muito mais tempo na idade adulta. Aqueles que se encontravam no banco dos réus entre 10 e 16 anos cometeram 77% dos crimes registrados no estudo. Sete por cento desse grupo era formado por "criminosos crônicos", que foram responsáveis por metade de todos os crimes contabilizados e que continuaram aumentando sua ficha criminal até boa parte da quarta década de vida. Assim, o estudo reforça a teoria de que é bastante normal os adolescentes terem problemas com a lei, mas não de modo persistente nem em idade muito precoce.

Em média, a carreira de condenações dos criminosos crônicos durou dos 14 aos 35 anos. A atividade criminosa, na média da amostra – isto é, do adolescente comum não psicopata –, atingiu o pico aos 17 anos. Portanto, o adolescente comum pode furtar uma loja ou tentar arrombar um carro e cometer outros crimes menores, mas começará a deixar de praticar delitos depois dos 17 anos. Em contrapartida, o criminoso mais grave, possivelmente psicopata, continuará a transgredir a lei durante mais duas décadas; depois disso, haverá uma diminuição. Talvez isso aconteça por estarem presos, mais tranquilos ou cansados da vida de crimes.

O projeto também constatou que era possível prever quais crianças seguiriam uma carreira criminosa a partir dos fatores de risco presentes quando elas tinham entre 8 e 10 anos de idade. Os fatores eram:

- Baixo rendimento escolar.
- Pobreza e privação da família; família numerosa com baixa renda e más condições de habitação.

- Disciplina rígida e autoritarismo por parte dos pais, supervisão deficiente das crianças ou longos períodos de separação.
- Hiperatividade, baixo nível de concentração, agitação, exposição a riscos e impulsividade.
- Mau comportamento na escola, incluindo desonestidade e agressão.
- Pais com condenação e/ou irmãos delinquentes.

OS SETE SINAIS DA CRIANÇA PSICOPATA

Vamos estudar dois irmãos, ambos adolescentes, em busca dos sinais que fazem a balança pender para a normalidade ou a psicopatia.

Tom e Peter são gêmeos, nascidos com um intervalo de poucos minutos. Mas desde o início sempre foram diferentes. Enquanto Tom era um bebê calmo e sorridente, Peter era chorão. No entanto, eles eram muito unidos quando pequenos. Estimulado por Peter, Tom era frequentemente incentivado a tomar parte em travessuras terríveis que levavam os pais à loucura.

Pelo menos, era o que parecia. Apesar da aparência doce de Tom, nem sempre ele era inocente (havia queixas da escola quanto ao seu comportamento e houve um incidente desagradável em que os vizinhos o acusaram de incendiar seu galpão). E Peter, apesar de estar com o rosto e os joelhos sempre sujos, nem sempre era o culpado. Na verdade, quando eles chegaram à adolescência, seus pais começaram a se perguntar: quem era mau e quem era bom?

Aos 15 anos, Peter está sempre na frente do espelho, espremendo espinhas, penteando o cabelo e mentalmente desejando que a sua barba cresça. Todas as manhãs, os pais e o irmão, exasperados, batem insistentemente na porta do banheiro, mas Peter não sai enquanto não está pronto.

Tom, por outro lado, é bastante seguro em relação à sua aparência e gaba-se com frequência de ter a garota mais bonita da escola na palma da mão. Apesar das notas ruins, ele não se preocupa com o futuro e diz a quem lhe pergunta que vai fazer "algo grandioso na cidade" e se tornar um milionário aos 21 anos. Quando os professores lhe perguntam sobre a lição de casa, Tom dá de ombros e responde que era muito "maçante" – será que eles não poderiam lhe dar alguma coisa mais difícil da próxima vez?

Sinal 1 Peter está exibindo sinais de frustração, porém, ainda assim, típicos do narcisismo dos adolescentes; em geral, o adolescente não é apenas sensível, mas normalmente bastante crítico em relação às mudanças na sua aparência. Sem essas ansiedades, a autoconfiança de Tom parece ter se transformado em uma grandiosidade fora do comum, o traço psicopático de autoestima excessiva.

Num sábado, Tom e Peter levam duas meninas ao parque de diversões. Eles vão em todos os brinquedos, mas Peter insiste em levar sua garota várias vezes a um tobogã gigantesco. Na terceira volta ela está verde e na quinta, a ponto de vomitar o algodão-doce, mas Peter acha isso hilário e continua a comprar mais ingressos e a insistir que ela deixe de ser "chata".

Tom, no entanto, cansou do tobogã e levou sua garota ao trem fantasma. Ela acha essa atração muito infantil e não se impressiona, mas Tom coloca algo na boca dela assim que o trem parte... é um comprimido de *ecstasy*. Tom tomou dois. Assim que ela percebe, fica aterrorizada, mas Tom simplesmente ri. Ele lhe diz que não há com que se preocupar, pois ele já fez isso muitas vezes e, se ela quiser se acalmar, ele poderá enrolar um "baseado" para os dois.

Sinal 2 Todos os adolescentes procuram emoções e, apesar de Peter ser egoísta ao arrastar a pobre garota que está prestes a vomitar para um brinquedo barato várias vezes, ele está apenas agindo como um adolescente típico. Nessa idade, eles acreditam que são invencíveis (assim como as crianças na primeira infância, eles sentem uma necessidade natural de ter coragem de explorar o mundo que os cerca). O fato de Tom ter usado droga, entretanto, pode indicar algo muito mais sombrio – sobretudo porque ele força a garota a consumir. Os pais precisam estar atentos ao uso contínuo e excessivo de drogas, principalmente quando combinado com outras atividades, como dirigir em alta velocidade antes de tirar carteira de motorista, andar de *skate* no meio de uma estrada movimentada e desafiar seguranças corpulentos para lutas. Os psicopatas, lembrem-se, são criaturas que buscam estímulos, e o abuso de drogas é comum em psicopatas adolescentes, pois essa é uma forma barata e acessível de atender às suas necessidades de estimulação.

Tom é uma fonte de perplexidade para seus pais, sobretudo porque ele parece mentir constantemente, muitas vezes, sem razão aparente: que não foi ele quem acabou com o cereal e colocou a caixa vazia de volta no armário; que estava dormindo quando o carteiro tocou a campainha; que deu ração para o cachorro como eles pediram; que as drogas em seu quarto foram "plantadas" ali por Peter. Mas Peter também mente – diz que ficou com seu amigo Sam quando seus pais têm certeza de que ele está passando a noite com uma nova namorada: se eles estiverem fazendo sexo, isso é ilegal, já que ela é menor de idade.

Sinal 3 Nesse caso, as mentiras de Peter são mais graves – mas a maioria dos adolescentes quer manter sua vida íntima em segredo e costuma esconder dos pais suas atividades sexuais. Na verdade, são as mentiras constantes de Tom que merecem maior preocupação, principalmente porque ele mente sem ganhar nada em troca – simplesmente pelo prazer de mentir.

QUANDO MENTIR É UM BOM SINAL

Um artigo no *The Sunday Times* trazia a seguinte manchete: "Acredite, contar mentiras é um sinal certo de sucesso."[26] O artigo falava de uma pesquisa realizada pelo dr. Kang Lee no Instituto de Estudos da Criança da University of Toronto com 1.200 crianças, em que elas foram deixadas em um quarto com a recomendação de não olhar para o brinquedo que estava atrás delas (o que, obviamente, elas fizeram). Mais tarde, perguntaram às crianças se elas tinham feito o que lhes fora pedido. O dr. Lee concluiu que muitas das crianças que tinham aprendido a contar mentira mostraram que haviam atingido uma importante etapa no seu desenvolvimento mental. As crianças com as melhores habilidades cognitivas contaram as melhores mentiras, mostrando que tinham desenvolvido "funções executivas", como a capacidade de manter em mente a verdade para que a mentira soe mais convincente.

Aos 2 anos de idade, 20% das crianças mentem, porcentagem que sobe para 50% aos 3 anos e para quase 90% aos 4 anos. Essa tendência atinge o ponto máximo aos 12 anos, quando praticamente todas as crianças mentem (mas não o tempo todo), e cai para 70% aos 16 anos. (Para comparar essa tendência com a dos adultos, um estudo encomendado pelo Science Museum [Museu da Ciência] revelou que, de modo geral, os homens contam aproximadamente 1.092 mentiras por ano.) Os pesquisadores disseram que não há "nenhuma ligação" entre contar mentiras ocasionais na infância e qualquer tendência posterior de colar nas provas ou de se tornar um vigarista quando adulto. Uma educação rígida também não exerce nenhuma influência.

Em uma típica noite de sexta-feira, os pais de Peter e Tom estavam esgotados em consequência da raiva dos dois filhos. Peter voltou para casa duas horas depois do horário estipulado e, quando confrontado pelo pai, subiu a escada feito um furacão, batendo todas as portas que atravessava e gritando: "Vocês não entendem!"

Tom entrou cambaleante, escondendo a mão machucada – ele já foi levado para casa pela polícia, várias vezes, por causa de brigas que começaram em algum bar e acabaram na rua. Tom nunca tem culpa de nada – a culpa é sempre de alguém que olhou para ele com ar de gozação, mexeu com sua namorada ou derrubou bebida em sua calça. Entretanto, foi mais difícil quando ele teve de explicar por que deu um soco em um policial. Se os pais tentam argumentar que não é possível que ele seja sempre inocente, Tom esmurra a primeira parede que encontra e grita de dor: "Veja o que vocês me fizeram fazer!"

Sinal 4 As explosões de raiva de Peter são sintomas de um adolescente frustrado, que quer afirmar sua independência e se libertar dos pais. Mas Tom perde frequentemente o controle emocional – ele é incapaz de resistir à violência diante da menor provocação –, e esse é um traço psicopático.

Tudo isso seria suportável, pensam seus pais, se eles sentissem que os filhos estão se preparando para a vida e fazendo planos para ser bem-sucedidos. Enquanto os filhos de seus amigos estão ocupados em obter experiência de trabalho nas férias de verão, Peter dorme até o meio-dia e só se levanta para passar várias horas em seu adorado Facebook. Tom, enquanto isso, com todo o seu papo de ser milionário aos 21 anos, mata aulas e nem sequer apareceu para fazer algumas das provas de conclusão do ensino médio para obtenção do GCSE (Certificado Geral de Educação Secundária).

Sinal 5 Justamente quando deveriam estar aproveitando toda a efervescência que a vida oferece aos jovens cheios de energia, os adolescentes gastam todo o tempo dormindo ou olhando para a tela de um computador. Não é de admirar que os pais fiquem loucos. Mas Peter está simplesmente se comportando como um garoto da sua idade; estudos mostram que o relógio biológico dos adolescentes é diferente do de crianças e adultos, fazendo-os ficar acordados até mais tarde e dormir até mais tarde.[27] Tom, no entanto, está exibindo um sintoma mais preocupante – a falta de metas realistas. Ao mesmo tempo em que fala de forma vaga em se tornar milionário, ele não tem ideia de como é que vai chegar lá nem incentivo para, primeiro, qualificar-se para isso. O psicopata acredita que pode "levar a vida na flauta" e ainda conseguir o que quer – mesmo que não saiba exatamente o que seja.

Na semana passada, os pais dos gêmeos ficaram terrivelmente preocupados quando os professores de Peter telefonaram para dizer que ele não tinha aparecido na escola naquele dia – onde ele estava? Quando deu meia-noite e ele ainda não havia chegado, eles pensaram em ligar para a polícia. Nesse exato momento, ele ligou – tinha decidido ir a um show da sua banda favorita a três horas de distância. Eles ficaram furiosos, mas ao menos ele estava bem.

Mas o alívio durou pouco quando, na segunda-feira, Tom chegou em casa e anunciou que não só tinha acabado a amizade com seu melhor amigo como também estava saindo da escola. "A escola não tem nada para me ensinar", disse ele. Ele diz que vai partir para "os negócios", apesar de ter sido demitido dos três últimos empregos aos sábados por não comparecimento.

Sinal 6 Que adolescente já não matou aula para passar um dia com os amigos ou acompanhar uma banda até os confins do mundo (ou pelo menos até o final da linha de trem)? É praticamente um rito de passagem. Mas embora os pais de Peter se sintam mais vulneráveis quando o filho fica fora de casa até tarde da noite, eles devem concentrar-se mais nos atos impulsivos de Tom, que o levam a abandonar planos e a romper relacionamentos e compromissos simplesmente porque lhe dá na telha.

Embora às vezes pareça impossível, os pais de Tom e Peter tentam incutir nos filhos um senso de responsabilidade. Eles sentem que falharam. O segundo *hamster* de Peter acabou de morrer depois de apenas quatro meses sob seus cuidados. Por desidratação ou possivelmente por reação à maconha, que Peter achou que seria "divertido" dar ao pequenino animal. É possível que Tom, por outro lado, tenha matado o cachorro. Isso ocorreu quando seu "experimento" falhou. Obviamente, nenhum *dachshund* conseguiria sobreviver depois de saltar do terceiro andar para pegar uma bola atirada propositadamente pela janela. Mal sabem os pais (e os vizinhos) que outros quatro experimentos de quatro patas estão enterrados no quintal.

Sinal 7 O fato de Peter não ter cuidado bem do seu *hamster* não deve ser minimizado, pois agora está claro que, mesmo em comparação com Tom, Peter não é nenhum garoto de ouro. Mas o tratamento de Tom aos animais de estimação da família mostra uma insensibilidade impressionante. A crueldade com animais é um dos mais claros sinais de alerta de psicopatia e deve indicar aos pais de Tom que chegou o momento de procurar aconselhamento profissional.

QUANDO SEU FILHO ESTÁ SE COMPORTANDO MAL E QUANDO HÁ ALGO MAIS?

1. **Quando você vai buscar George, de 4 anos, na escola depois do primeiro dia de aula, a professora dele pede para ter uma conversa particular com você. Ela diz:**

    A) George teve de ser repreendido depois de brigar e morder repetidamente os outros meninos.
    B) George teve de ser repreendido depois de perseguir as meninas e tentar beijá-las, fazendo-as chorar.

C) George teve de ser repreendido depois de jogar cola no tanque de areia, quando as crianças ainda estavam lá.

2. **É a manhã do casamento da sua irmã e sua filha Maisie, de 6 anos, será a dama de honra. Mas às 8h você a encontra:**

   A) Escondida no armário embaixo da escada – ela não suporta a ideia de todas aquelas pessoas olhando para ela na igreja.
   B) Cortando seu vestido de dama de honra em pedacinhos – ainda bem que ela rasgou só a manga esquerda.
   C) Acordando sua irmã para perguntar se ela também viu o "tio" beijando Jenny na rua na semana passada.

3. **Michael, de 8 anos, está muito quieto no seu quarto durante toda a manhã. Você deveria estar gostando dessa paz e quietude, mas você sabe que:**

   A) É bem provável que Michael esteja atormentando o *hamster*, cutucando o pobre bichinho para ele acordar, passando gel no seu pelo para deixá-lo com penteado de moicano e instigando-o a lutar com seu boneco de tartaruga ninja.
   B) É bem provável que Michael esteja jogando jogos violentos proibidos no computador do irmão, que ele invadiu enquanto o irmão ainda dormia.
   C) É bem provável que Michael esteja fazendo uma "cirurgia cardíaca" nos brinquedos de pelúcia da irmã caçula para lhe fazer uma surpresa quando ela voltar do balé.

4. **É seu aniversário, e Susan, de 12 anos, lhe prometeu um presente. Você aproveita para ficar um pouco mais na cama e espera ansiosamente.**

A) Susan lhe traz café na cama – um pacote de batata frita e um copo grande de vodca.
B) Susan sai pela porta do fundo e só volta às 18h.
C) Susan dorme até mais tarde. Quando finalmente se levanta, ao meio-dia, e você lhe pergunta sobre o seu presente, ela simplesmente resmunga e volta para o quarto.

5. **Você se pergunta se deve preocupar-se porque depois que Tim, de 13 anos, chega da escola, vai direto para o quarto e não desce novamente, a não ser para buscar o jantar. Eis o que ele está fazendo:**

A) Ouvindo os discos da banda *The Grateful Dead* de ponta a ponta e num volume bem alto (e, às vezes, de trás para a frente, só para ver se eles realmente contêm mensagens satânicas).
B) Jogando Jogos de Destruição sem parar no computador.
C) Vendo revistas de mulheres com peitos gigantescos (você encontrou uma escondida debaixo do colchão dele).

6. **Você está eufórico – John, de 15 anos, foi escolhido para ser capitão do time de futebol da escola –, mas a alegria dura pouco porque:**

A) O professor de educação física liga para você em casa e diz que John perdeu a posição de capitão depois que foi encontrado nu no vestiário com uma garota da sua classe.
B) O professor de educação física liga para você em casa e diz que John perdeu a posição de capitão depois que foi flagrado combinando "entregar o jogo" – seus amigos estavam fazendo um bolão.

C) John falta à primeira partida como capitão – em vez disso, ele está em um trem, indo encontrar a namorada.

7. É noite de sexta-feira e, às 23h, toca a campainha. É um policial com seu filho Mark, de 16 anos. Antes que o policial diga alguma coisa, você diz para ele que não precisa falar nada. Você já sabe do que se trata – nos últimos seis meses, aconteceu quase toda sexta-feira.

   A) Mark foi pego em um bar tentando vender a televisão da família.
   B) Mark foi pego em um bar tentando comprar maconha.
   C) Mark foi atirado para fora de um bar e foi encontrado semiconsciente rodeado de latas de cerveja no parque local.

8. Noite de sábado. Você tenta incentivar sua filha Lucie, de 17 anos, a ficar em casa e assistir ao *The X Factor* com você. Mas você sabe o que ela realmente quer fazer:

   A) Sair com as amigas pela cidade, atirar pedras nos carros que passam e se embebedar com vodca e Red Bull.
   B) Sair com as amigas pela cidade e fazer sexo no elevador quebrado com um garoto das redondezas cheio de espinhas.
   C) Sair com as amigas pela cidade até que a polícia separe uma inevitável briga.

9. Você diz para Simon, de 18 anos, que ele não tem permissão para passar uma semana na Costa do Sol com os amigos depois de seus exames do ensino médio. É muito caro e muito arriscado. Ele grita:

A) "Eu te odeio. Eu gostaria que você estivesse morta."
B) "Eu vou. Você não pode me impedir."
C) "Vou fazer você se arrepender disso. Espere só pra ver."

10. É noite de *réveillon*, e você, que levou todo mundo em férias, espera que à meia-noite toda a sua família esteja reunida. Em vez disso:

A) Os adolescentes estão bêbados por volta das 22h, pois roubaram uma garrafa de tequila e começaram a beber à tarde.
B) Os adolescentes foram a um luau e se recusam a voltar e participar da comemoração de família.
C) Os adolescentes estão na boate.

Respostas:

Seja qual for a alternativa assinalada, eles são muito desobedientes. Ainda que você tenha vontade de trancá-los em algum lugar e jogar a chave fora, eles não são psicopatas. São apenas crianças normais. Não se preocupe – pode ser que dure quase vinte anos, mas essa fase passa.

Os sinais mais preocupantes que poderiam indicar um comportamento psicopata são: roubar coisas de outras crianças e dos pais; praticar atos de vandalismo; provocar incêndio; ferir ou matar animais; praticar *bullying*; ter experiência sexual precoce e extrema, principalmente envolvendo coação de outras crianças; ausentar-se de casa e matar aulas sem dar explicação; não responder a repreensões e castigos. Lembre-se de que os psicopatas exibem um conjunto de comportamentos, portanto, não entre em pânico com um ou dois incidentes isolados.

COMO O TRANSTORNO DE DÉFICIT DE ATENÇÃO E HIPERATIVIDADE PODE SER CONFUNDIDO COM PSICOPATIA

Estudos mostram uma elevada "comorbidade" entre tendências psicopatas e Transtorno de Déficit de Atenção e Hiperatividade (TDAH), ou seja, eles frequentemente ocorrem juntos.[28] Além disso, o TDAH pode ser encontrado em até 75% dos casos de crianças psicopatas.[29]

A ligação entre os dois ainda não está nem um pouco clara, e existem muitos fatores envolvidos que precisam ser mais explorados. Cientistas britânicos descobriram muito recentemente, a partir da análise de segmentos de DNA, a primeira ligação genética direta com TDAH. Segundo essa nova descoberta, as crianças com o transtorno têm mais probabilidade de apresentar falta ou duplicação de pequenos, mas importantes, segmentos de DNA em seu genoma.[30] Nada semelhante ainda foi estabelecido em relação aos psicopatas. E parece que o tipo de disfunção cerebral encontrado em psicopatas é muito diferente do tipo associado ao TDAH: a psicopatia está associada a uma disfunção do corpo amigdaloide, o que não ocorre em portadores de TDAH.[31]

Existe o risco de que os adolescentes com TDAH sejam erroneamente rotulados por psiquiatras, professores e pais como psicopatas, em consequência da persistência do seu "mau comportamento", já que algumas manifestações comportamentais dos dois transtornos podem parecer semelhantes. Crianças com TDAH podem ter um desempenho ruim na escola e sofrer rejeição por parte dos colegas, o que se explica por seu comportamento inadequado nas brincadeiras e pelo modo como elas interagem com os colegas de classe. O comportamento problemático e o fato de serem diferentes distinguem essas crianças e também podem causar problemas em casa, e os pais acabam não aguentando mais. Essa situação pode levá-los a desistir do filho, a agir de maneira contraditória ou a adotar uma disciplina muito rígida.

> Consequentemente, um adolescente com TDAH pode identificar-se com crianças que tenham dificuldades semelhantes – em outras palavras, com a "turma errada" – e, assim, correr o risco de cair na delinquência juvenil.

RECOMPENSAS E PUNIÇÕES NÃO FUNCIONAM

Todas as crianças precisam de disciplina, mas uma criança com maior risco de desenvolver psicopatia requer uma abordagem firme para que possa ter mais chance de compreender a diferença entre o certo e o errado. O termo "esquiva passiva" da psicologia refere-se às crianças que aprendem a responder a coisas que serão gratificantes e, ao mesmo tempo, a evitar as coisas que serão punitivas. Por exemplo, a criança aprende rapidamente que se disser "por favor" ganhará um sorvete e se morder a perna da mãe ficará de castigo no quarto.

Pelo menos, a maioria das crianças aprende. Como já vimos, a capacidade dos psicopatas de aprender com punição e recompensa é excepcionalmente pequena. Tão pequena, na verdade, que eles cometem "erros de esquiva passiva" mesmo quando recebem dinheiro ou cigarros como incentivos de aprendizado.[32] A criança que sempre se comporta mal, apesar de ficar de castigo ou das promessas de ganhar doces, pode ser um psicopata em desenvolvimento. Não é que a criança às vezes não responda; ela *nunca* responde. É a incapacidade de aprender que a distingue das outras.

A TECNOLOGIA ESTÁ NOS TRANSFORMANDO EM PSICOPATAS?

Daniel Petric é um adolescente americano que atirou na cabeça dos pais por eles terem tirado seu console de jogos. Ele queria jogar Halo 3, um jogo de tiro em primeira pessoa. Daniel tinha apenas 16 anos na época do crime; seu pai era pastor. Quando interrogado pela polícia, ele inicialmente disse que o pai tinha atirado na mãe, antes de virar o revólver para si próprio (o pai sobreviveu e, juntamente com provas forenses, contradisse a versão de Daniel para os eventos).

Antes de atirar nos pais, Daniel aproximou-se deles por trás e disse-lhes: "Fechem os olhos. Tenho uma surpresa para vocês." Ao abandonar a cena do crime, levou o jogo consigo.

O jogo foi amplamente citado entre os elementos probatórios, pois foi escondido juntamente com a pistola 9 mm que Daniel usou para atirar nos pais. O caso gerou intenso debate sobre a natureza do vício em *videogames* (consta que uma vez Daniel jogou Halo 3 ininterruptamente durante dezoito horas). A defesa alegou que – entre outras coisas – a responsabilidade de Daniel era menor porque ele tinha jogado tanto *videogame* que não entendeu a irreversibilidade do seu ato. Ele foi condenado a 23 anos de prisão e terá direito à liberdade condicional em 2031.

Antes de culpar a indústria de *videogames* pelo matricídio de Daniel, devemos saber que não há nenhuma ligação entre tecnologia e psicopatia. Na verdade, não há nenhuma ligação conclusiva entre *videogames* violentos e violência grave em crianças ou adultos, mas *é* possível que eles aumentem o nosso "limiar de violência" ao nos tornar insensíveis a atos extremos e nos recompensar por eles – afinal, esses jogos recompensam atos como assassinato. Por esse motivo, fazem as pessoas que já têm essa propensão apresentarem um comportamento ainda mais agressivo.

As crianças muitas vezes imitam o que veem na tela. Então, você realmente quer que elas fiquem horas na frente de um jogo de assassinato? Em casos de imagens mais realistas, as crianças têm maior probabilidade de fazer confusão entre realidade e fantasia. Os jogos de computadores do século XXI, afinal, estão a anos-luz das traquinices dos desenhos de Tom e Jerry. Existe uma razão para que os filmes, *video-*

games e outros entretenimentos com cenas de sexo e violência contenham indicação de faixa etária – preste atenção a essa indicação!

Há uma ligação razoavelmente bem estabelecida entre *videogame*, tempo excessivo na frente da TV assistindo a programação para adultos e *bullying*.[33] Pesquisadores observaram crianças de 6 a 11 anos de idade e constataram que as que foram observadas praticando *bullying* no *playground* assistiam mais televisão (média de cinco horas por dia) do que as que não praticavam *bullying*. Os pesquisadores não disseram – ou não foram capazes de afirmar – quais são exatamente as ligações causais.

Existem elementos do jogo que a pesquisa sugere que podem favorecer o desenvolvimento cognitivo e motor da criança e até mesmo promover bem-estar.[34] Os *videogames* adequados e com características positivas são aqueles com temas educativos que estimulam o raciocínio e a criatividade, em vez da velocidade, e os que trazem uma mensagem pró-social.

Meu conselho seria tratar todas as mídias da mesma maneira que tratamos os doces. Elas não devem ser consumidas em excesso, mas o consumo moderado deve ser permitido. A maioria das crianças passa 7,7 horas por semana jogando *videogames* e impressionantes 32,1 horas na frente da TV.[35] Não é saudável gastar tanto tempo com essas atividades; o máximo de tempo que uma criança deve ver TV é mais ou menos duas horas por dia. Se você se preocupa com a quantidade de tempo que seu filho passa na frente de qualquer tipo de tela, encontrará informações úteis no livro *The Media Diet for Kids*, de Teresa Orange e Louise O'Flynn.[36]

O FENÔMENO DE ASSASSINOS ADOLESCENTES

Em 1999, Eric Harris, 18 anos, e Dylan Klebold, 17 anos, entraram em sua escola, Columbine High, mataram treze pessoas, feriram outras 23 e depois tiraram suas próprias vidas. Eles planejaram o ataque por mais de um ano. Com um número alarmante de casos semelhantes nos Estados Unidos e no mundo todo (de 1996 até o momento da impressão deste livro houve um total de 48 incidentes com armas de fogo, causados por estudantes em todo o mundo), os pais estão com medo de que esse tipo de crime surja no Reino Unido. O evento abriu um debate sobre o impacto das subculturas escolares e das "panelinhas". Harris e Klebold eram "bárbaros" impopulares.

Os adolescentes assassinos são invariavelmente descritos na mídia como "solitários", mas um estudo realizado pelo US Secret Service [Serviço Secreto dos Estados Unidos] constatou que não há um "tipo" específico – alguns dos que foram descritos tinham amigos e até eram oriundos de "famílias americanas ideais".[37]

No entanto, eles realmente têm algumas características em comum. A principal é que eles tendem a ser do sexo masculino; houve apenas dois incidentes com assassinos adolescentes do sexo feminino – um deles deu origem à canção "I Don't Like Mondays" dos Boomtown Rats, depois que o cantor dessa banda, Bob Geldof, ficou sabendo do caso de Brenda Ann Spencer, de 16 anos. Ela matou dois adultos e feriu oito crianças e um policial em uma escola na Califórnia, e deu a seguinte justificativa: "Eu não gosto de segunda-feira; isso anima o dia". Eles também sofrem ostracismo por parte dos colegas. Investigando o episódio de Columbine, o FBI concluiu que Harris tinha sido o mentor do massacre e era um psicopata com "complexo de superioridade monumental", Klebold concordou com o plano e sofria de depressão.[38]

À medida que os crimes com armas de fogo aumentam em todo o mundo, os pais precisam estar atentos a qualquer comportamento dos filhos que possa indicar o seu potencial para cometer um crime tão terrível. O FBI escreveu um trabalho sobre como avaliar ameaças feitas por alunos.[39] O documento enfatiza que a sua lista de indicadores não é de maneira alguma preditiva e que qualquer avaliação não deve basear-se em um ou dois incidentes isolados ou em "um dia ruim" da vida de uma criança.

Alguém que realiza uma atividade violenta, como um tiroteio na escola, terá apresentado um padrão de comportamento tanto em casa como na escola, justamente como enfatizamos neste livro, ou seja, um psicopata é apenas alguém que apresenta um conjunto de traços psicopáticos.

Existem várias áreas às quais eles recomendam que pais e professores analisem ao avaliar se a ameaça de violência de um aluno tem possibilidade de se concretizar. Essas áreas abrangem dinâmica escolar, social e familiar em relação à personalidade da criança, mas o "vazamento" é considerado uma das pistas mais importantes que precedem um ato violento de um aluno. Vazamento é quando um aluno – intencionalmente ou não – revela dicas de sentimentos, pensamentos, fantasias, atitudes ou intenções que sinalizam um ato violento, seja na forma de ameaças sutis, bravatas, insinuações ou ultimatos. Isso pode ocorrer em diários, canções, poesias, desenhos, tatuagens ou vídeos. Eles podem até mesmo ser descartados pelo aluno logo depois de serem considerados como "nada". Mas podem ser um grito de socorro, um sinal de conflito interno ou até mesmo uma bravata, que pode parecer vazia, mas que, na verdade, é uma ameaça real.

Tudo isso deve ser mantido em perspectiva: a ameaça real de um tiroteio na escola é estatisticamente muito baixa. Ao avaliar a probabilidade de que isso aconteça, a escola e os pais precisam analisar todos os aspectos da vida da criança – em casa, com amigos e na escola. O artigo conclui: "o comportamento violento se desenvolve progressivamente", por isso, cabe aos adultos próximos à criança monitorar sinais observáveis no processo evolutivo da agressão.

A HISTÓRIA DE BRIAN BLACKWELL – O "FILHO PERFEITO" QUE VIROU ASSASSINO

No dia 5 de setembro de 2004, em Liverpool, dois policiais atenderam a um telefonema de um vizinho da família Blackwell. Ele tinha sentido um forte cheiro vindo da casa e, ao investigar com mais profundidade, encontrou as janelas cobertas de moscas. Embora não tivesse visto o senhor e a senhora Blackwell nas semanas anteriores, ele vira Brian, o filho do casal, saindo da casa recentemente.

No interior da residência, a polícia encontrou os corpos de Sydney Blackwell, 71 anos, e de Jacqueline, 60 anos, em avançado estado de decomposição. Ambos haviam sofrido múltiplas lesões brutais.

O filho Brian, de 18 anos, foi rapidamente encontrado na casa da namorada. Ele disse que tinha visto os pais pela última vez em 23 de julho, quando viajou para os Estados Unidos de férias, e que havia voltado à sua casa somente duas vezes depois disso: em 10 de agosto, para pegar as chaves do carro na garagem, e "dois ou três dias" antes, quando recolheu a correspondência da varanda. Ele foi imediatamente repreendido e preso por suspeita de assassinato dos pais. Mais tarde, Brian foi condenado à prisão perpétua, tendo se declarado culpado por homicídio com grau atenuado de culpa para ter sua responsabilidade reduzida. Ele será julgado futuramente para saber se poderá ficar livre, mas, à época de sua condenação, o juiz disse que "As presentes evidências indicam a improbabilidade da conclusão [de que Brian não representa mais uma ameaça à sociedade]".

Para os que conheciam a família Blackwell, a notícia causou um choque. Brian era um aluno modelo – ganhou prêmios de arte, uma bolsa de estudos para uma escola particular e obteve nota A em todos os seus exames de avaliação do ensino médio. Além disso, tinha propostas para estudar medicina em universidades de Nottingham e Edimburgo. Ele também era um jogador de tênis razoável, que participava de competições e tinha um pequeno patrocínio de uma empresa austríaca.

Porém, quando analisamos um pouco mais de perto, percebemos que Brian afinal não era tão perfeito como parecia. Desde muito pequeno, ele parece ter se acostumado a mentir. Primeiro, aos seus colegas de classe, sobre seus resultados no Standart Assessment Test (SAT), prova aplicada nos anos finais do ensino fundamental. Ele tinha poucos amigos em sua nova escola de ensino médio e, nos primeiros dois anos, comia sozinho na biblioteca. Aos 15 anos, começou a sair com um grupo, mas aqueles que o conheceram o descreviam como "arrogante", "muito petulante" e "mentiroso ou bastante exagerado".

Quando Brian arranjou sua primeira namorada, no início de 2004, os exageros transformaram-se em mentiras mais extremas. Ele lhe disse que a Nike do Reino Unido o patrocinava com a quantia de 79 mil libras por ano. Disse que tinha ganhado alguns prêmios em dinheiro com suas partidas de tênis e que gostaria de comprar um Porsche ou uma Mercedes; ele chegou a levar a namorada a uma concessionária.

Não demorou muito, ele prometeu comprar um carro para ela. Depois, disse que ela poderia trabalhar como sua empresária ou secretária particular e que ela seria paga pela Nike. O salário seria de 82 mil libras por ano com bônus de 20 mil libras, além de despesas pagas até 96 mil libras. Ele até lhe mostrou os supostos e-mails e documentos enviados pela Nike, deu-lhe um formulário para preencher e a fez assinar um contrato de 55 páginas.

Em seguida, Brian lhe deu um cheque equivalente a 39 mil libras, que supostamente correspondia ao salário de três meses. Quando o cheque foi devolvido – duas vezes –, Brian culpou a mãe por "depredar sua conta". Na verdade, ele havia sustado o cheque: sua conta estava descoberta em 9 centavos de libra.

Em maio daquele ano, Brian deu 100 libras de entrada em um Ford Ka que custava 6.600 libras. Ele solicitou cheque especial e cartões de crédito, dizendo que era um jogador de tênis semiprofissional e que estava "prestes a jogar no Aberto de Tênis da França". Além disso, conseguiu fazer um resgate antecipado de 9 mil libras de uma aplicação destinada a pagar seus estudos universitários, dizendo que o pai havia morrido. Pelo menos naquele momento, seu pai estava bem vivo.

Brian comprou o carro para a namorada, um presente extra além da joia – supostamente cara – que comprara para ela. Mais tarde, ela descobriu que a joia não passava de uma imitação barata. Ele ainda lhe deu camisetas Dior, uma bolsa Dior, flores...

No início de julho, Brian lhe disse que tinha comprado uma Mercedes SL 350 por 60 mil libras, que estava estacionada em um apartamento que ele comprara por 450 mil. Ele também a convidou para viajar para os Estados Unidos com ele, uma vez que ele participaria de um torneio de tênis lá. Em 24 e 25 de julho, vários voos caros foram marcados – de Manchester para Nova York (classe executiva), de Nova York para Miami, de Miami para San Francisco e finalmente de volta para o aeroporto de Heathrow em Londres. Todas as despesas foram pagas com os cartões de crédito de seus pais.

Na noite em que matou os pais, Brian queimou suas roupas manchadas de sangue no incinerador de folhas secas do jardim. Ele, então, reservou um táxi logo depois da meia-noite no qual seguiria para a casa da namorada e fez de conta que "dizia adeus" para as pessoas que estavam no interior da casa. No dia seguinte, os dois partiram para as luxuosas férias. Quando voltaram, ele ficou na casa da namorada, dizendo que os pais tinham ido para a Espanha e que ele havia perdido as chaves. Na verdade, ele tinha retornado à casa onde estavam os cadáveres ensanguentados dos pais para pegar seus pertences e continuar usando o nome deles para solicitar crédito. Tudo isso, sem dar o menor sinal de que algo estava terrivelmente errado.

Em 19 de agosto, chegou o resultado dos exames de Brian: quatro notas A. Ele disse aos colegas que estava desapontado por seus pais não terem voltado para casa para comemorar o seu grande dia.

Depois do debate entre cinco psiquiatras ocorrido antes do seu julgamento, chegou-se à conclusão de que Brian era "um jovem bastante anormal" e que certamente demonstrava tendências altamente indicadoras de psicopatia. O juiz o descreveu como um "grande impostor, um mentiroso hábil e engenhoso e altamente manipulador". No entanto, por causa da sua fantasia de "esportista" rico e bem-sucedido, um diagnóstico de Transtorno da Personalidade Narcisista foi considerado mais adequado. O juiz aceitou a alegação de que os assassinatos foram cometidos provavelmente durante um surto de "raiva narcisista" quando os pais se opuseram aos seus extravagantes planos de férias.

No próximo capítulo, vamos rever o caso de Brian para questionar se as influências genéticas ou a maneira como ele foi criado contribuíram para seus comportamentos extremos.

O GAROTO RUSSO ENVIADO DE VOLTA PARA CASA COM UMA PASSAGEM SÓ DE IDA

Em março de 2010, Torry Hansen, uma enfermeira de 33 anos, solteira, que morava no Tennessee, Estados Unidos, colocou um menino russo de 7 anos que adotara seis meses antes em um voo de dez horas de volta a Moscou com um bilhete que dizia: "Depois de ter dado o meu melhor para esta criança, sinto dizer que, para a segurança da minha família, dos meus amigos e a minha própria, não quero mais ficar com ela." Ele chegou sozinho ao destino e um homem, que recebeu 200 dólares da família, pegou-o e deixou-o no Ministério da Educação da Rússia.

Torry não contou ao menino que o estava devolvendo, disse que ele estava indo para uma "excursão" em Moscou. Torry e sua mãe Nancy alegaram que o menino Artem Saveliev tinha "crises de violência" que culminavam com ameaças de queimar a casa da família. "Ele desenhou nossa casa em chamas e dizia que ia incendiá-la com todos dentro", disse a avó. "Por segurança, tínhamos de estar onde ele estivesse. Foi terrível."

Na carta, endereçada a "quem possa interessar", Torry acrescentou: "Este menino é mentalmente instável. Ele é violento e tem graves problemas/comportamentos psicopáticos. Fui enganada pelos funcionários e pelo diretor do orfanato russo em relação à sua estabilidade mental e a outros problemas."

Em setembro do ano anterior, Torry passara quatro dias observando Artem no orfanato de Vladivostock, onde sua mãe alcoólica fora obrigada a entregá-lo. Torry trocou o nome do menino para Justin Hansen e o levou para os Estados Unidos com o propósito de transformá-lo no novo irmão de seu filho Logan.

Em relação a seus "problemas/comportamentos psicopáticos", Torry fez uma lista: ele batia e cuspia nela, gritava e ameaçava matar os membros da família. Esses episódios costumavam ocorrer quando alguma coisa lhe era negada, como brinquedos ou *videogames*.

De sua parte, de volta à Rússia, Artem falava de uma avó que gritava com ele e de uma mãe que não o amava e que o arrastava pelos cabelos. No entanto, ele se dava bem com seu irmão Logan. Então... Essa criança tem tendências psicopatas ou não?

Minha aposta não é na criança. Este é o caso de um menino vindo de uma região pobre da Rússia, criado por uma mãe jovem e alcoólica (ela tinha 19 anos quando ele nasceu), incapaz de lidar com ele. A negligência e o sofrimento pelos quais ele passou antes de ser levado ao orfanato podem ter comprometido gravemente seu desenvolvimento emocional. Ele foi, então, colocado em um orfanato e depois levado a milhares de quilômetros de distância de qualquer pessoa conhecida e de um ponto de referência cultural que pudesse reconhecer. (Torry sabia "algumas palavras em russo" para se comunicar com ele, mas é fácil imaginar que seu cotidiano era bastante americano, diferente daquele a que estava acostumado.) Ele tinha até mesmo de responder a um nome diferente.

Cuspir, dar pontapés, morder e "ameaçar" incendiar a casa não são atitudes agradáveis de ver em uma criança, mas não são necessariamente comportamentos psicopatas. Poderiam ser atos de um menino confuso, frustrado e infeliz.

O ambiente é de suma importância para a criança, assim como a estabilidade. Apesar de passarem por grandes mudanças durante a infância e a adolescência, como foi descrito anteriormente, isso não significa que as crianças possam facilmente aceitar todas as mudanças e se adaptar a elas.

Esse caso aconteceu logo depois da morte de três crianças russas adotadas por norte-americanos e fez com que as autoridades russas suspendessem outras adoções. Sem sombra de dúvida, houve muitas outras adoções bem-sucedidas feitas por pais amorosos, mas a triste história de Artem e dos Hansens serviu apenas para ilustrar que as crianças raramente correspondem às nossas expectativas, principalmente às irrealistas.

RESUMO E RECOMENDAÇÕES

Partindo-se do princípio de que é mais provável que a psicopatia seja resultado de uma combinação de fatores, como genética, diferenças neurobiológicas, criação, talvez seja melhor você se concentrar no que pode controlar: a forma como você educa seu filho.

- As crianças aprendem com as pessoas à sua volta: é desnecessário dizer que nunca é aceitável expor crianças a abuso físico, emocional ou verbal, mesmo que não seja diretamente dirigido a elas. Uma criança que testemunha adultos tratando mal outros adultos crescerá acreditando que as intenções das outras pessoas são sempre más e que este é um "mundo cão".
- Em nenhuma circunstância rotule seu filho de psicopata. Se ele apresenta uma gama de comportamentos problemáticos que você está convencido de que ultrapassam os limites do razoável para sua idade e seu ambiente, consulte um médico a fim de obter a avaliação correta e o apoio necessário.

- Fique atento para não se tornar excessivamente negativo em suas interpretações do comportamento infantil. Lembre-se de que crianças mais novas não têm a sutileza necessária para avaliar plenamente o impacto que seu mau comportamento exerce sobre os outros. As crianças mais velhas também podem ter uma visão limitada das coisas quando estão passando por enormes ajustes físicos ou emocionais, sobretudo na adolescência, quando ocorrem alterações hormonais. Se a criança receber mensagens constantes de que é desagradável, teimosa ou desobediente, ela absorverá isso e terá pouco incentivo para mudar seu comportamento. Mesmo quando a criança está no auge da irritação, os pais precisam manter expressões de cordialidade: o ideal é que haja vinte interações positivas, elogiosas e carinhosas para cada negativa.
- Seja o mais coerente possível na sua maneira de lidar com o mau comportamento (na relação com qualquer outro adulto do seu ambiente doméstico). O estilo mais eficiente de disciplina é o confiante, firme, porém justo, em contraposição a estilos extremos de autoritarismo austero ou fraco e permissivo.
- Sua casa precisa de limites e de regras claras que definam os comportamentos esperados, e não os que não são aceitos – isto é, relacione o que seus filhos "devem fazer", e não o que eles "não devem fazer". Estudos indicam que esse tipo de orientação torna as crianças mais generosas. Convém também incentivar as crianças a contribuir para a definição de regras, para que elas entendam o seu embasamento e, consequentemente, tenham mais probabilidade de cumpri-las.
- Tente criar a consciência de comunidade no seu filho. Alguns programas escolares incorporam elementos de trabalhos voluntários voltados para a comunidade, como cuidar de animais, ensinar crianças mais novas, dramatizações e incentivo para que as crianças discutam o *bullying* e não fiquem passivas diante de coisas "ruins"

que possam acontecer. Em geral, esses projetos – comparados a sistemas mais tradicionais – produzem crianças mais empáticas e mais tolerantes com as outras, menos propensas a prejudicar alguém ou a criar estereótipos. Essas crianças até gostam mais da escola.[40] Você pode discutir sobre essas oportunidades com a escola de seu filho ou promover essas experiências por sua própria conta. Ensine as crianças que há diferentes grupos de pessoas – apresente-lhes a diversidade de etnias, idade, gênero e capacidade e crie oportunidades para que haja uma discussão aberta sobre essas diferenças. Insista para que elas observem e considerem as outras pessoas ao tomar decisões. Ensine as crianças a contemporizar e a fazer concessões e seja para elas o modelo de gentileza, delicadeza e cooperação.

- Uma coisa que surpreende muitos pais é descobrir que a superproteção – quando a mamãe e o papai supervisionam cada detalhe da vida dos filhos e os estimulam a acreditar que eles são "o máximo" em todos os sentidos – pode ser tão prejudicial quanto a negligência. Talvez a sua concepção de bom pai e boa mãe – como cuidar dos interesses do filho e tentar assegurar-lhe um futuro de sucesso – possa gerar um grau perigoso de narcisismo. Criar mal um filho não é simplesmente deixá-lo à própria sorte. De fato, de vez em quando, isso até que seria uma coisa boa!
- Sandy Hotchkiss, em *Why Is It Always About You?*, sugere que os pais tentem reconhecer e incentivar as habilidades específicas dos filhos, em vez de repetir de forma irracional "Você consegue fazer isso!" para alguém que claramente não consegue. Além disso, devem estimular nos filhos uma noção realista, "pé no chão", do lugar que eles ocupam no mundo – por exemplo, se eles têm muito sucesso nos esportes, mande-os fazer trabalhos beneficentes. E embora você possa achar o filhinho querido muito mais interessante que qualquer outra criança, deve impedi-lo de exercer um

papel dominante em grupos. Isso evitará que ele fique preso no centro do seu próprio universo limitado.

- As crianças devem ter espaço para se libertar da influência dos pais e devem ter permissão para experimentar. Uma criança com salvaguardas e expectativas rígidas pode desenvolver uma "identidade negativa" – uma identidade sustentada apenas pelo desejo de não fazer o que o mundo espera dela. Adolescentes, em particular, precisam se libertar dos pais para se afirmarem como seres independentes: é saudável que eles se rebelem contra os pais em algum momento. É provável que adolescentes dos quais se espere obediência a um conjunto de regras rigorosas reajam de forma correspondente, rebelando-se com a mesma força e violando o máximo possível de regras. Além disso, um adolescente menos ansioso pode achar que se violar uma regra terá problemas, então, é melhor violar todas elas de uma vez – seguindo o raciocínio "perdido por um, perdido por mil".

7

SEU PAI OU SUA MÃE É PSICOPATA?

Seus pais são as figuras mais importantes nos primeiros anos da sua vida. Certamente são eles que mais influenciam sua atitude e sua postura em relação à vida. As decisões que eles tomam em relação às roupas que você usa quando criança, aos alimentos que ingere, à escola que frequenta e aos amigos que você tem, exercerão um impacto duradouro. Muitas pessoas, na idade adulta, atribuem sua sensação geral de bem-estar – ou mal-estar – aos pais.

Um pai ou uma mãe psicopata negligencia os filhos ou os considera uma extensão de si mesmo, pressionando-os de forma insuportável a se comportarem da maneira "correta".

O debate sobre natureza *versus* criação ainda impera, e de maneira mais veemente nas discussões sobre psicopatas. Mas uma coisa é certa: mesmo que uma pessoa nasça psicopata, a sua criação determinará a maneira pela qual o problema se manifestará.

Para o mundo todo, Christina era a menina mais sortuda da face da Terra. Ainda bebê, foi adotada por uma das maiores estrelas de Hollywood e, consequentemente, teve uma vida que a maioria das pessoas pode apenas sonhar: uma casa imensa, festas de aniversário luxuosas, amigos famosos e um guarda-roupa repleto de vestidos dignos de uma princesinha. No entanto, a verdade era tão diferente quanto um cenário de filme e a vida real. A mãe de Christina, Joan, costumava ter acessos de fúria repentinos e, ao longo dos anos, uma série de incidentes acabou fazendo com que mãe e filha mal se falassem.

Depois de sete abortos espontâneos e um divórcio, Joan decidiu adotar uma criança. A fase em que Christina era bebê foi idílica; os problemas começaram quando ela começou a crescer e a manifestar vontade própria. Aos 4 anos de idade, depois de um ano de aulas de natação, Christina estava ansiosa para se exibir para a mãe. As duas competiram no sentido da largura da piscina, e a mãe deixou que ela ganhasse. Em seguida, competiram no sentido do comprimento da piscina, várias vezes, e em todas elas a mãe ganhou com facilidade. Christina ficou furiosa, mas a mãe apenas riu e disse: "Christina, eu podia ter ganhado todas. Sou maior que você. Sou mais veloz que você. Posso ganhar todas."

Outro dia, quando Christina ainda tinha 4 anos, como castigo por ela ter arrancado pedacinhos do papel de parede do quarto, Joan pegou uma tesoura e cortou um vestido amarelo de Christina, seu favorito. Ela foi obrigada a usar o vestido durante uma semana, e quando alguém perguntasse por que ela estava usando um vestido todo esfarrapado, ela deveria responder: "Não gosto de coisas bonitas."

Durante toda a infância, Christina vivia com medo das "batidas noturnas" que ocorriam aparentemente sem nenhum motivo especial. Durante uma delas, Christina acordou com um barulho. A mãe, dentro do closet e histérica, arrancava as roupas dos cabides e atirava-as no quarto. Em seguida, puxando Christina pelos cabelos, arrastou-a para fora da cama até o closet. "Nada de cabides de arame! Nada de cabides de arame!", gritava ela batendo com força nas orelhas da filha. Em outra ocasião, a mãe – que era obcecada por limpeza – acordou Christina no meio da noite esbravejando que o assoalho do seu quarto de vestir, que ela tinha mandado a filha limpar naquele dia como castigo por algum "crime" esquecido, estava manchado de sabão. Quando Christina disse que não conseguia ver as manchas, levou uma bofetada. Em seguida, Joan pegou uma lata de sapólio e bateu com ela na cabeça da filha até a lata se abrir, espalhando o pó branco por todo o quarto – sem falar no cabelo e na boca de Christina. Depois disso, Christina varou a madrugada limpando tudo aos prantos.

Nos Natais e aniversários, Christina ganhava um monte de presentes das amigas e de fãs da sua mãe, mas só podia ficar com uns poucos presentes baratos que a mãe escolhia. O restante era guardado, para ser embrulhado novamente e dado a outras crianças ao longo do ano. Mas ela tinha de escrever um cartão de agradecimento para cada presente recebido. Christina passava horas e horas tentando escrever cartões gentis, agradecendo presentes com os quais nunca brincaria. Se cometesse algum errinho, tinha de jogar fora o cartão e fazer outro. Christina não podia escrever as mensagens a lápis, só a caneta.

Quando Christina tinha 10 anos, sua mãe lhe perguntou, numa sexta-feira, o que ela achava de ir para um colégio interno. No domingo, a mãe já tinha feito suas malas e a levado para um internato. Christina não teve tempo nem de se despedir dos professores e colegas. Na escola, os professores tinham ordens de monitorar Christina com o mesmo rigor com que ela tinha sido monitorada em casa. Depois de qualquer mau comportamento, era proibida de sair da escola e, às vezes, até mesmo de passar os feriados em casa. Uma vez, ela ficou sete meses de castigo na escola, sem poder visitar as amigas ou até mesmo ver a mãe.

Quando se tornou adulta, Christina tentou manter um bom relacionamento com a mãe, sempre acreditando que Joan realmente a amava. Durante algum tempo, as duas pareciam curtir a companhia uma da outra. Elas iam a grandes festas juntas e Christina a visitava com frequência em seu apartamento, apesar dos problemas crescentes da mãe com bebida. Mas quando Joan morreu, Christina descobriu que havia sido deserdada – omitida do testamento da mãe. Essa foi a última bofetada que a mãe lhe dera do túmulo.

Quem gosta de cinema sabe que esse estudo de caso foi extraído de *Mamãezinha Querida*, autobiografia de Christina Crawford sobre sua infância ao lado da mãe famosa, Joan Crawford, estrela de Hollywood da década de 1940. O livro foi transformado em filme, que se tornou um *cult* de sucesso, com Faye Dunaway no papel da estrela de cinema demoníaca. O filme, na verdade, omite muitos maus-tratos descritos no livro. As duas irmãs de Christina negam os acontecimentos, mas não seu irmão Christopher. Todos eles foram adotados. O transtorno obsessivo-compulsivo (TOC) e o alcoolismo de Joan Crawford não fazem dela necessariamente uma psicopata. No entanto, podemos traçar alguns paralelos interessantes.

Alguns pais psicopatas acreditam que os filhos sejam uma extensão deles mesmos – em outras palavras, não reconhecem a fronteira entre eles e seus filhos como indivíduos. (Isso também é sintomático de pais narcisistas.) É por isso que Joan tinha acessos de fúria quando a filha mostrava alguma "imperfeição" – como usar cabides de arame no seu guarda-roupa. Se a mãe parece ter uma ligação com a filha, essa ligação não é com a filha real, mas, sim, com uma filha fictícia. Daí as festas de aniversário esmeradas de Joan para a filha, que aparentemente eram magníficas, mas para as quais poucas de suas amigas eram convidadas, se é que alguma era convidada, e depois das quais todos os presentes eram tirados dela.

Destituídos de qualquer sentimento de empatia, os pais psicopatas costumam cuidar dos filhos de forma mecânica. É como se os filhos fossem bonecos; eles são incapazes de compreender as necessidades do bebê e, portanto, ignoram seu choro ou sua fralda suja. A criança pode até mesmo ser vista como uma mera mercadoria – no caso de Joan e Christina, em certa altura do livro, ela admite que a adoção de um bebê loiro de olhos azuis foi uma jogada publicitária. Com menos *glamour*, uma mãe psicopata pode usar os filhos para requerer mais benefícios assistenciais.

O hábito moderno que os pais têm de dizer aos filhos como eles são inteligentes poderia ser considerado psicopático. Pais psicopatas podem incutir um sentimento de grandiosidade nos próprios filhos – ao dizer que eles são tão fantásticos quanto acreditam que sejam. Esses pais impedem que os filhos desenvolvam uma percepção realista de si mesmos. Pense no adolescente arrogante que está convencido de que vai se formar em primeiro lugar na faculdade de direito apesar de ser reprovado todo ano.

A maioria dos pais, é claro, simplesmente deseja o melhor para os filhos. Mas é possível amar *demasiadamente* um filho? Será que preocupação e proteção não produzem – se não um psicopata – pelo menos um narcisista? Às vezes, é difícil enxergar a diferença entre pais que amam imensamente o filho e pais que veem o filho como uma extensão de seu próprio eu idealizado. Lisa é esse tipo de mãe.

OS SETE SINAIS DOS PAIS PSICOPATAS

Quando soube que estava grávida, Lisa ficou radiante com a ideia da maternidade. Comprou vestidos longos e floridos de gestante e passava horas no parque sonhando acordada com o lindo filho que teria. Apesar de praticamente nunca ter segurado um bebê nos braços antes, em pouco tempo Lisa estava ensinando as outras mães do curso de preparação para o parto como elas deveriam criar os filhos e até mesmo interrompendo a professora para dar seus próprios conselhos.

Sinal 1 O entusiasmo de Lisa com o filho que estava em seu ventre pode parecer um sentimento terno. Mas não se trata do bebê, e sim dela. Ela está demonstrando grandiosidade – uma visão inflada de sua própria capacidade como mãe antes mesmo de dar à luz.

Seu filho Jake nasceu saudável e, à medida que crescia, Lisa adorava ouvir comentários sobre as roupas bem escolhidas e o cabelo louro cacheado dele.

Lisa queria que o filho fosse a melhor e mais inteligente de todas as crianças, e desde pequeno Jake era forçado a ficar sozinho no quarto durante horas fazendo "a lição de casa" que ela lhe passava. Na escola, era bastante adiantado para a sua idade. Quando os professores o elogiavam na frente de Lisa, ela o beijava, dizia que ele era um "anjo de menino" e agradecia os professores por serem tão maravilhosos com ele.

Os professores achavam que Jake tinha muita sorte de ter uma mãe tão amorosa e encantadora.

Sinal 2 O "orgulho" de Lisa pelo filho, na verdade, é apenas uma extensão da sua grandiosidade – ela via Jake como uma extensão de uma versão idealizada de si mesma. Lisa sabia ser uma "mãe amorosa" na frente dos outros – mas em casa a história era outra. Não havia beijos nem afagos, pois ela só conseguia exibir emoções "rasas". Seus sentimentos eram superficiais, teatrais e efêmeros.

Jake era um bom menino e aprendia muito rápido. Mas lhe ensinaram que ele tinha de ser assim. Lisa ria ao contar para as amigas que ficava brava quando ele cometia algum erro de ortografia ou se saía mal em alguma prova na escola – mas, segundo ela, ele nunca cometia o mesmo erro duas vezes. Portanto, seu gênio ruim podia ser desagradável, mas certamente dava resultados. As outras mães não sabiam o que falar.

Sinal 3 O temperamento de Lisa teve um efeito marcante e duradouro sobre o menino, mas ela não demonstra nenhum remorso.

Com suas roupas antiquadas – casacos de veludo e meias três quartos brancas –, Jake era ridicularizado com frequência na escola. Logo, passou a chorar quando a mãe o deixava na porta da escola. Lisa simplesmente o ignorava. Quando os professores a chamaram e sugeriram que talvez fosse melhor vesti-lo com roupas um pouco mais modernas, ela disse que os outros meninos é que tinham de aprender que algumas pessoas são diferentes. "Por que perseguir Jake?", perguntou ela. "Vocês deveriam falar com os meninos que estão zombando dele."

Sinal 4 Provavelmente Lisa tinha razão nesse ponto – de que os valentões é que precisavam mudar a maneira de pensar, e não que Jake precisava mudar a maneira de se vestir –, mas a sua capacidade de ignorar o choro do filho na porta da escola mostra uma insensibilidade revoltante, uma incapacidade total de entender as necessidades emocionais dele.

Quando Jake tinha 8 anos de idade, constatou-se que ele precisava usar óculos, pois fazia meses que ele estava sentindo dores de cabeça depois da escola. Ele precisava somente de óculos para leitura, mas Lisa vislumbrou uma oportunidade. Os tempos eram difíceis e o pai de Jake, de quem ela se separou quando o menino tinha apenas algumas semanas de vida, não estava pagando a pensão alimentícia. Lisa solicitou auxílio-invalidez para o filho "cego".

Sinal 5 A reação de Lisa nesse caso é claramente a de uma psicopata – ela detectou uma oportunidade de ganhar dinheiro com o filho. É uma espertalhona.

À medida que vai crescendo, Jake percebe que o grande interesse de Lisa por ele não se estende ao seu bem-estar. Embora ainda acompanhe de perto os resultados de suas provas e seus boletins escolares, ela se esquece com frequência de lhe preparar o jantar. Ela é secretária do CEO de uma empresa e diz que anda ocupadíssima e cansada demais para pensar nele o tempo todo. Ele já tem 11 anos, diz ela, e pode muito bem colocar uma pizza no forno, não é?

Sinal 6 Além do fato de Jake ter um pai ausente e omisso, Lisa está mostrando sinais de grande irresponsabilidade. Embora ela esteja dando duro para pagar a prestação da casa, não percebe que tem de cuidar do filho pequeno.

Enquanto isso, Jake é cada vez mais pressionado. Na escola, os professores têm ordens expressas de Lisa para obrigá-lo, durante um intervalo por dia, a fazer exercícios extras de matemática. Duas vezes por semana, ele tem aulas de piano na hora do almoço. Depois da escola, joga futebol duas vezes por semana e faz natação duas vezes por semana. Ele passa os fins de semana fazendo as lições de casa, treinando caligrafia e assistindo a DVDs educativos. Jake só tem permissão para assistir à televisão uma vez por semana. Ele não tem muitos amigos, mas a mãe traçou um futuro brilhante para ele, como cursar medicina na Oxford University e, até os 30 anos de idade, especializar-se em cirurgia. No entanto, um ano antes, ela achou que ele podia ser advogado e, no ano seguinte, engenheiro de petróleo. Infelizmente, aos 16 anos de idade, Jake não tira notas acima de C.

Porém, agora, ele também acredita no sonho da mãe.

Sinal 7 Lisa é uma verdadeira mãe superprotetora – está sempre gravitando em torno do filho, sempre ao seu alcance, quer ele precise ou não. Mas sua pressão incessante sobre o filho, apesar do seu fraco desempenho escolar, reflete ausência de metas realistas no longo prazo. Infelizmente, essa atitude teve os piores efeitos de todos – Jake tornou-se narcisista.

TESTE: COMO CRIAR UM BEBÊ DA MANEIRA PSICOPATA

1. **Nas duas últimas semanas, sua filhinha de 3 anos acorda às três da manhã chorando. Você:**

    A) Explica carinhosamente que ela não pode fazer isso e a recoloca na cama.

    B) Ignora-a. Por que será que aquele uísque que você misturou na mamadeira não fez efeito?

    C) Leva-a para a sua cama. Seu marido pode dormir no sofá.

2. A fralda do bebê precisa ser trocada. É a sétima vez hoje. Você está cansada, pois dormiu mal à noite, fez compra no supermercado com o bebê chorando e, ainda por cima, uma das sacolas de compra arrebentou no caminho. Você:

   A) Suspira várias vezes em voz alta, mas sabe que não tem jeito – simplesmente terá de trocar a fralda calada. Depois, quando o bebê sorri, você sente que valeu a pena.
   B) Só percebe porque o cheiro está horrível. Troca a fralda rapidamente, coloca o bebê outra vez no cercadinho e continua assistindo a seu programa na televisão.
   C) Aproveita a oportunidade para sentir os odores naturais da sua linda filhinha. Você a deixava circular sem fraldas pela casa, para que pudesse ficar totalmente à vontade, mas seu marido reclamou das manchas no tapete.

3. Hoje à noite tem reunião de pais e mestres na escola do seu filho. Você:

   A) Está ansiosa para ir. É uma ótima oportunidade para saber o que os professores acham do seu filho.
   B) Comparece com uma lista de perguntas preparadas e um cronômetro para garantir que os outros pais não extrapolem o tempo permitido.
   C) Recusa-se a ir. Você não vai fazer parte desse sistema patriarcal opressor.

4. Seu filho de 13 anos de idade foi pego fumando na escola. Você:

   A) Passa-lhe um grande sermão, fala sobre os perigos do fumo e corta sua mesada durante quinze dias.

B) Ri, dá um maço de cigarros para ele e se oferece para acender um.

C) Chora copiosamente durante várias horas, achando que seu filho vai morrer prematuramente. Depois, leva-o ao departamento de oncologia de um hospital e faz com que ele fique sentado durante duas horas ao lado de alguém que esteja morrendo de câncer no pulmão.

5. **A mãe da melhor amiga de sua filha telefona – ela pegou a filha planejando viajar escondido para ir a um festival de música. Sua filha ia com ela. Você:**

A) Pergunta à sua filha por que ela achou necessário ocultar o fato de que ia ao festival de música. Talvez vocês pudessem chegar a um acordo.

B) Tira as dobradiças da porta do quarto dela. De agora em diante, não haverá mais segredos.

C) Fica bastante confusa. Você e seu marido queriam ir ao festival com ela. Tinham planejado o piquenique e arrumado uma barraca. Será que ela não quer sair com os pais?

6. **É dia de esportes na escola do seu filho e você vai participar da corrida de pais. Você:**

A) Prepara-se com antecedência, mas sabe que, com seu *jeans* e seu sapatinho de lona, tem tanta chance de ganhar quanto um saco de batatas.

B) Coloca seus *shorts* de náilon e seu tênis de corrida.

C) Recusa-se a participar. Você e seus filhos já são vencedores na vida e não precisam de prêmios nem de medalhas.

7. Você descobre que sua filha de 19 anos perdeu a virgindade. Você:

   A) Leva uma xícara de chá ao quarto dela, diz que se ela quiser falar sobre isso você está à disposição, mas vai entender se ela preferir manter sua privacidade.
   B) Proíbe-a de sair de casa sem a sua permissão.
   C) Chama todos os amigos dela para uma reuniãozinha de comemoração.

8. Seu filho passou a noite fora, apesar de ter prometido voltar às 23h. Quando ouve a chave girar nervosamente na fechadura às 8h, você:

   A) Abraça-o e, imediatamente, fica muito brava – você estava tão preocupada... Será que ele não podia pelo menos ter telefonado? Ele fica de castigo por quinze dias.
   B) Exige que ele lhe entregue o telefone celular. Depois, passa várias vezes sobre o aparelho com o carro, destruindo-o completamente, antes de devolvê-lo. Você não fala com ele por uma semana.
   C) Qual é o problema? Você estava com ele, apenas chegou uma hora mais cedo.

9. Seu filho leva a nova namorada para casa. Ele nunca leva garotas para casa – esse namoro deve ser sério. Você:

   A) Convida a moça para jantar com a família e deixa seu filho um pouco constrangido ao fazer um monte de perguntas sobre ela.
   B) Pede para ela se sentar e diz que não haverá sexo antes do casamento. Faz um monte de perguntas sobre a família dela,

sobre seus passatempos e suas preferências alimentares e diz que quer discutir sobre isso com a família dela também.

C) Manda-os direto para a cama e, no outro dia, cedo, leva uma bandeja de café da manhã para os pombinhos.

10. É dia do casamento da sua filha. Você:

A) Chora um pouco pela manhã – sua menininha finalmente vai embora. Mas esse é um dia alegre e você curte bastante a festa.

B) Recusa-se a ir. Essa é a suprema traição. Fica em casa e enche a cara.

C) Ajuda os noivos a organizarem uma grande festa ao ar livre para que toda a cidade possa participar.

Respostas:

Maioria de respostas A: você é absolutamente normal e tem uma relação saudável e amorosa com seus filhos.

Maioria de respostas B: sem dúvida alguma, você é uma psicopata – excessivamente controladora, egoísta e pura e simplesmente má. Se o seu filho não se tornar um psicopata, certamente será alguém medroso e louco para sair de perto de você assim que for possível. Espero que ele tenha êxito.

Maioria de respostas C: você quer fazer tudo por seu filho – talvez demais. Você não é psicopata, mas bem que podia maneirar um pouquinho.

UMA PESSOA NASCE OU É CRIADA PSICOPATA?

De acordo com inúmeros estudos e pesquisas, particularmente aqueles que envolvem tomografias cerebrais, existem fortes indícios de que a psicopatia seja uma condição genética. No mínimo, existe uma predisposição genética que pode conduzir determinada pessoa ao ambiente certo (ou melhor, errado) para o desenvolvimento de psicopatia.

Portanto, será que um pai ou uma mãe pode criar deliberadamente um psicopata? Foram estabelecidas ligações, por exemplo, entre parto problemático e rejeição materna com atividades criminosas posteriormente. Mas embora os problemas de afetividade possam ser associados à psicopatia, provavelmente não são a causa da psicopatia. Uma criança psicopata pode provocar problemas emocionais na família.

No entanto, a forma com que uma criança psicopata é educada influenciará o modo como essas tendências se manifestarão mais tarde. Uma criação violenta produzirá um psicopata violento. Uma criança psicopata motivada, de classe média e com boa educação pode se tornar um adulto psicopata muito bem-sucedido, capaz de manipular com inteligência em um nível aterrorizante, porém sem violência. Pelo menos no primeiro caso, a chance de ele ser pego e trancafiado é maior.

A MÃE QUE SEQUESTROU A PRÓPRIA FILHA

Em fevereiro de 2008, Shannon Matthews, uma menina de 9 anos de idade, foi dada como desaparecida pela mãe, Karen. O caso de Shannon ocorreu logo após a história de Madeleine McCann, e a mídia imediatamente deflagrou uma campanha para ajudar a encontrar a menina desaparecida. Um tabloide ofereceu uma recompensa de 50 mil libras por informações que levassem ao paradeiro de Shannon.

Em Dewsbury, no condado de Yorkshire, cidade natal da família Matthew, foi realizada uma operação maciça de busca com a participação de mais de trezentos policiais e pessoas da população. Calcula-se que a operação policial tenha custado aproximadamente 3,2 milhões de libras, e foram identificados oitocentos suspeitos. Vinte e quatro dias depois, Shannon foi encontrada.

O alívio da população, porém, durou pouco. Logo foi revelado que Shannon tinha sido escondida na base de um sofá-cama de uma casa que pertencia ao tio do namorado da mãe. Descobriu-se que a mãe estava envolvida no "sequestro".

Com a história de fundo que foi revelada mais tarde, de certo modo, fica difícil identificar o que era psicopático no comportamento de Karen e o que era consequência do seu QI baixo (74), de sua baixa autoestima e de sua classe socioeconômica baixa. Ela tinha sete filhos de quatro pais diferentes – tinha permanecido cerca de dois anos com cada um deles, embora o namorado atual, que era dez anos mais novo – e mais tarde foi condenado por manter imagens de pornografia infantil no computador –, estivesse com ela havia quatro anos. Uma das características de vários dos seus relacionamentos era a violência doméstica.

Em uma entrevista para os jornais, os pais de Karen disseram que ela não servia para ser mãe, principalmente desde que tinha se envolvido com o último namorado. Até sua irmã disse isso, quando Karen deixou um dos filhos, de 6 meses de idade, para ela tomar conta: "O bebê tinha uma sacola plástica ou toalha presa com fita no bumbum. Em vez de gastar dinheiro com fraldas, ela gastava com salgadinhos, doces e refrigerantes."

Karen foi condenada a oito anos de prisão por sequestro, cárcere privado e obstrução da justiça. Ela nunca confessou o crime, alegando que o namorado lhe dissera para assumir a culpa e que ela estava assustada demais para não obedecer.

Em uma entrevista concedida a um jornal, um ano depois que ela estava na cadeia, perguntaram a Karen do que ela sentia falta da vida lá fora. Sua resposta foi "sexo, compras e cafezinho na casa dos vizinhos". Ela não mencionou nenhum dos sete filhos.

Grande parte do que sabemos sobre Karen Matthews por intermédio de reportagens de jornais e televisão condiz com as características de comportamento psicopata: a despreocupação com o sofrimento da filha, o uso da filha para obter ganho financeiro, as mentiras constantes e a falsa emoção exibida ao fazer o apelo para que a menina fosse devolvida.

PAIS QUE PROVOCARAM UMA TEMPESTADE MIDIÁTICA

No dia 15 de outubro de 2009, os telespectadores americanos assistiram estarrecidos ao voo desgovernado de um balão caseiro de gás hélio que percorreu 80 quilômetros aparentemente com um menino de 6 anos de idade a bordo. Mas, horas depois, descobriu-se que o menino, Falcon Heene, estava escondido em uma caixa de papelão no sótão de sua casa.

Os pais, Richard e Mayumi Heene, que participaram duas vezes do *reality show* "Troca de Esposas" do canal ABC, gostavam de "caçar tempestades". Eles tinham construído o balão como um equipamento meteorológico, e pensou-se que Falcon estava escondido em um compartimento quando, acidentalmente, o balão se soltou, chegando a atingir 2 mil metros de altura. Os canais de televisão cobriram o voo do balão em Fort Collins, no Colorado, Estados Unidos; helicópteros militares foram acionados e o Aeroporto Internacional de Denver foi fechado por um breve período. Quando o balão finalmente desceu no campo sem o menino dentro, as pessoas temeram que ele tivesse caído. Iniciou-se, então, uma busca frenética em terra ao longo de todo o trajeto percorrido pelo balão. Horas depois, porém, Falcon foi encontrado em casa são e salvo. Ele disse que tinha brincado com seus brinquedos e tirado uma soneca.

Mas logo surgiram suspeitas de que todo o acontecimento tinha sido uma farsa – um estratagema inteligente dos pais, que estavam "caçando outro tipo de tempestade", uma tempestade midiática. Em uma entrevista no programa *Larry King Live* na CNN após o evento, Falcon disse que ouvira as pessoas chamarem seu nome (os investigadores, na verdade, haviam vasculhado a casa duas vezes à sua procura, mas não conseguiram achá-lo). "Por que você não apareceu?", perguntou o pai. "Vocês disseram que fizemos isso para o programa", respondeu o menino. Quando perguntaram ao pai o que o filho quis dizer, ele ficou nervoso – disse que não sabia. Mas também não pediu que ele explicasse.

Três dias depois, o delegado de polícia disse que os pais seriam acusados de crime. No dia 13 de novembro de 2009, Richard Heene declarou-se culpado da acusação de tentar influenciar um servidor público. Mais tarde, ele foi condenado a noventa dias de prisão, e sua esposa foi condenada a vinte dias. Eles foram condenados também a pagar 36 mil dólares de indenização e multas.

OS PAIS DE BRIAN BLACKWELL – NORMAIS E CARINHOSOS OU CRIADORES DE UM MONSTRO?

No capítulo 6, analisamos o caso de Brian Blackwell, um rapaz acusado de assassinar os pais. Aparentemente bem-sucedido – jogava tênis bem e era um excelente aluno –, parecia haver poucas razões que explicassem por que Brian tinha se voltado contra a mãe e o pai daquela maneira.

Brian foi diagnosticado como portador de Transtorno da Personalidade Narcisista (parente próximo da psicopatia), o que explicava seus atos. Mas será que é possível que os pais de Brian o tenham criado para ser assim?

Nas diversas entrevistas que fiz com Brian (que ele concordou que fossem divulgadas), descobri alguns detalhes chocantes sobre a sua criação. Obviamente, temos de lembrar que ele adaptará sua história com o intuito de tentar diminuir sua responsabilidade pelos assassinatos colocando a culpa nos pais. Portanto, é preciso encarar suas declarações com cautela.

Em primeiro lugar, a mãe de Brian fazia tudo o que podia para mantê-lo em um estado de infantilismo (talvez interrompendo seu desenvolvimento na primeira infância, até os 3 anos de idade, quando as crianças exibem muitos sintomas comportamentais de um psicopata).

Segundo ele, ela insistia em lhe dar banho e vesti-lo, e fez isso até um dia antes de morrer – ele estava com 18 anos de idade –, e costumava colocá-lo em uma banheira de água fria quando ele se comportava mal. Disse também que ela não deixava que ele fosse ao barbeiro cortar o cabelo – ela gostava de seu cabelo cacheado e fazia questão de cortá-lo. Quando Brian tinha 16 anos, os amigos o convenceram a cortar o cabelo. Mais tarde, ele contou que seus pais ficaram furiosos: disseram que iam fazer uma reclamação na escola. Além disso, não o deixaram comer com eles na mesa da cozinha durante uma semana.

A mãe de Brian também era excessivamente controladora em relação aos amigos do filho: quando ele era pequeno, não podia ter nenhum. Também não podia brincar com os vizinhos, que ela considerava "ciganos", porque eles possuíam cavalos e tinham vários filhos. Na adolescência, raramente Brian podia sair e se socializar; nas raras ocasiões em que saía, tinha de estar de volta às 21h30. Brian disse a um colega de tênis que uma vez ficou fora a noite toda e, quando chegou em casa, sua mãe lhe disse: "Você matou seu pai". Aparentemente, ele tivera um infarto durante a noite.

Existem alguns indícios de ligação física excessivamente íntima entre mãe e filho. Brian diz que, a partir dos 12 anos de idade, passou a dormir na cama da mãe quando o pai estava fora e que sua mãe "gostava de proximidade".

Com relação à sua vida escolar, seus pais participavam de todos os detalhes. Nas reuniões de pais e mestres, a mãe fazia anotações detalhadas e até levava os boletins anteriores de Brian para fazer comparações. Os outros pais ficavam irritados, pois ela ficava quarenta minutos com cada professor, em vez dos dez minutos a que tinha direito. Seus pais separavam as matérias nas quais ele tirava 10, e, um pouco antes de ser morto, o pai de Brian ligou para o Serviço de Admissões em Universidades e Faculdades do Reino Unido (UCAS) e mudou todas as suas opções de universidade.

Seu pai era igualmente controlador de outras maneiras – Brian disse que o pai o intimidava com um revólver e que uma vez atirou tão perto do seu ouvido que lhe causou problemas de audição (quando tinha 10 anos de idade, Brian foi a um clínico geral por causa de uma possível perda auditiva). Ele media Brian todos os dias – no dia em que matou os pais, Brian media 1,79. O pai levava muito a sério as aulas de tênis do filho – ofendia-o quando ele não se saía suficientemente bem, franzia a testa, fazia caretas e gesticulava o tempo todo ao lado da quadra.

O próprio Brian exibia características fundamentais de psicopatia, mas está claro que seu relacionamento com os pais era problemático. Se você analisar o caso Blackwell em busca de uma resposta para a questão natureza *versus* criação, não terá uma resposta precisa. Mas esse caso realmente demonstra que a interação de fatores biológicos e ambientais pode ter consequências devastadoras.

A PSICOPATIA É UMA ESTRATÉGIA REPRODUTIVA?

Especialistas em psicologia evolutiva propuseram a teoria de que a psicopatia é uma estratégia reprodutiva viável. Harris e Rice ressaltaram que muitas características do psicopata – busca de sensações e propensão à violência – teriam sido úteis para impressionar o sexo oposto na época dos homens da caverna e poderiam, portanto, ser uma forma de a Mãe Natureza garantir a geração seguinte.[41]

Os psicopatas geralmente são promíscuos e infiéis; para Hare, provavelmente a consequência desse comportamento é o fato de os psicopatas – tanto do sexo masculino como do feminino – terem muitos e muitos filhos, embora seja pouco provável que cuidem muito bem deles (se realmente participarem da vida deles).[42] Nas palavras de Hare: "O estilo de vida móvel e nômade dos psicopatas (...) pode ser visto como parte de uma necessidade constante de novos parceiros sexuais."[43]

O argumento contra essa teoria é que a propensão dos psicopatas a correr riscos não se encaixa nesse perfil; não é fácil passar adiante seus genes quando você está constantemente arriscando sua vida, como fazem muitos psicopatas (consumindo drogas, dirigindo em alta velocidade etc.).

RESUMO E RECOMENDAÇÕES

Como são as pessoas mais influentes na vida de uma criança pequena, os pais psicopatas estão em uma posição privilegiada para exercer as intenções mais sinistras sobre uma vítima vulnerável e crédula.

Alguns pais psicopatas veem os filhos como uma extensão de si mesmos e, portanto, fazem pressão para que eles se comportem dentro de parâmetros de expectativa bastante restritos. Os problemas começam realmente quando a criança adquire personalidade própria e passa a desafiar os pais, provavelmente sofrendo castigos horríveis.

Outros encaram os filhos como uma oportunidade para explorar: usam os filhos para requerer benefícios ou até mesmo fingem que um filho está doente para obter solidariedade e angariar donativos.

Ambos os tipos cuidam mecanicamente dos filhos: demonstrações de afeto são raras ou inexistentes (só abraçam os filhos em público). Como eles não têm nenhum senso de responsabilidade, as crianças não terão suas necessidades básicas atendidas por longos períodos.

Quem for criado de forma violenta (seja psicopática ou não) muito provavelmente também se comportará de forma agressiva. A influência de uma família criminosa estimulará a criança a trilhar o mesmo caminho (veja mais sobre esse assunto no Capítulo 6: Seu filho é psicopata?).

Obviamente, filhos pequenos de pais psicopatas não podem fazer nada. A única esperança é que existam familiares, professores ou assistentes sociais zelando por eles. Mas filhos crescidos podem. Se você acha que um de seus pais é psicopata, proteja-se o máximo que puder. Não ceda às suas chantagens emocionais. Encontre-o fora de casa, da sua e da dele: assim será mais fácil ir embora quando você achar que já passou tempo suficiente na companhia dele. Se tiver irmãos, converse com eles sobre seus sentimentos; talvez eles sintam as mesmas aflições e vocês possam apoiar uns aos outros.

Lembre-se de que alguém que o maltrata não merece fazer parte da sua vida, mesmo que sejam seus pais. Não se sinta na obrigação de lhes dar dinheiro ou um lugar na sua casa. Se você já tem sua própria família, faça dela a sua prioridade.

A boa notícia é que pais psicopatas dificilmente ficam muito tempo por perto. Muitos perdem o interesse pelo filho logo no começo – principalmente quando percebem que ele não corresponde às suas expectativas, ou seja, que não será uma versão deles em miniatura e não estará pronto para realizar todos os seus desejos. Se, na idade adulta, você não tiver utilidade para eles, esteja certo de que eles seguirão em frente rapidinho. Apenas diga até logo e concentre o seu amor e a sua felicidade naqueles que merecem.

8

SEU PARCEIRO É PSICOPATA?

Se o seu parceiro for psicopata, é muito provável que você não saiba disso. Pode ser difícil acreditar – certamente, você conhece bem a pessoa mais próxima a você. Mas o amor pode ser cego. Uma conta inexplicável aqui, um telefonema misterioso ali – é fácil arranjar explicações para essas coisas.

Mais significativamente, um parceiro psicopata prepara você para ficar com ele apesar do seu comportamento nocivo. O psicopata sabe fingir muito bem que é carinhoso. Intercala carinho com manipulação – leva a parceira à submissão por meio de um padrão de recompensas, punições e ameaças. Eles acabam com a autoestima e com a disposição de fugir da vítima.

Depois que sua parceira não tem mais utilidade, ele a abandona. A vítima se sentirá aliviada, mas será por pouco tempo. Um parceiro psicopata volta várias vezes, sempre prometendo uma mudança que nunca acontece.

Tom virou meu mundo de cabeça pra baixo, e eu o amava por isso. Eu era solteira e estava entediada e frustrada no meu trabalho como técnica de higiene dental. Embora tivesse apenas 27 anos de idade, eu sentia que estava prestes a desistir de tudo. Em um ano ou dois, compraria um par de sapatos confortáveis e passaria a viver a vida de uma pessoa na meia-idade.

Tom chamou minha atenção logo de cara. Tinha dentes brancos, perfeitos e alinhados e, rapidamente, me escolheu para atendê-lo quando vinha fazer a higiene dos dentes uma vez por mês. Ele sempre encontrava tempo para perguntar como eu estava e era tão bom ouvinte que, em poucas sessões, acabei lhe contando que meus pais tinham morrido num acidente de carro quando eu tinha 19 anos, que eu adorava filmes em preto e branco, sushi e minha gata Suze. Ele, por sua vez, me impressionava com suas histórias sobre o que tinha feito desde a última vez em que tínhamos nos visto. Estava claro que ele era um empresário muito bem-sucedido, embora eu nunca tivesse entendido o que exatamente ele fazia. Alguma coisa na "City", o bairro financeiro de Londres, eu supunha. Além disso, ele me fazia rir. Como na vez em que me contou que encomendara mil bombons Ferrero Rocher para servir em uma festa em homenagem ao embaixador britânico.

Em pouco tempo, ele já estava arranjando desculpas para aparecer com mais frequência – deixava-me um livro sobre o qual havia me falado ou uma bugiganga qualquer que havia me trazido de sua mais recente viagem de negócios. No início, tentei fingir que era profissional demais para ceder às suas investidas, mas, obviamente, eu estava completamente apaixonada. Nunca ninguém tinha me tratado tão bem antes.

Em nosso primeiro encontro, ele veio me buscar em seu reluzente Porsche vermelho – mais tarde, descobri que ele tinha passado a conversa em um revendedor local para lhe emprestar o carro para um "test drive" – e me levou para jantar em um restaurante de luxo. Daqueles que você tem de reservar com três meses de antecedência, se não for uma celebridade. Para ser honesta, durante o tempo todo que passei no restaurante, estive a um passo de desmaiar. Mas Tom foi muito delicado – com o braço no meu ombro, escolheu o prato e o vinho para mim. Durante o jantar ele disse que nunca conhecera alguém tão adorável como eu, enquanto acariciava meu cabelo. É meu único atrativo, sabe? Tenho um rosto harmonioso, sou muito bonita quando estou feliz, mas tenho cabelo comprido, loiro e sedoso, que está sempre preso em um coque quando estou no trabalho. Em uma das sessões de tratamento, Tom viu quando eu estava prendendo o cabelo, em um momento em que eu achava que ninguém veria. Ele disse que se sentiu imediatamente atraído por mim.

Ele me levou para casa e me beijou na porta. Disse que sabia que estava avançando um pouco o sinal, mas que não conseguia se conter. Eu não queria que ele fosse embora, mas ele disse que me ligaria e que não demoraria muito para me tomar em seus braços novamente.

Depois, ele demorou duas semanas para me ligar, e eu já estava quase entrando em desespero. No entanto, ele se desculpou de uma maneira muito convincente, explicando que teve de fazer uma viagem urgente de negócios para Nova York e que não tivera tempo de me ligar. Fiquei tão aliviada em vê-lo novamente que não fiz nenhuma pergunta que o pressionasse.

Em um mês, ele se mudou para minha casa. Bem, eu digo que ele se mudou, mas, na verdade, ele não tinha muita coisa – apenas algumas roupas, alguns livros e uma imensa variedade de produtos de banho. Ele explicou que estava tão acostumado a viajar e a ficar em hotéis que simplesmente não comprava muita coisa. De alguma forma, nunca me passou pela cabeça perguntar de onde ele estava se mudando.

O dia em que nos casamos, apenas seis meses mais tarde, foi o dia mais feliz da minha vida. Éramos só nós dois. Ele disse que preferia assim – era uma coisa muito íntima nossa e, além disso, minha tia tinha o hábito de estragar as ocasiões. Isso era verdade; quando veio jantar para conhecer Tom, ela o deixou irritado e fez perguntas demais, em vez de simplesmente relaxar e se deixar levar pelo charme de Tom.

Nos primeiros meses, tudo foi perfeito. Ele viajava muito a negócios, mas eu era muito compreensiva e ele sempre me trazia um ou dois presentinhos. Com o tempo, comecei a perceber algumas coisas que pareciam um tanto estranhas. Por exemplo, ele tinha dois telefones celulares, mas eu só sabia o número de um deles. Ele dizia que precisava ter uma linha livre o tempo todo para o caso de receber um telefonema importante de negócios. Mas ele não se separava dos telefones – estavam sempre no bolso ou ao lado da cama.

Ele também nunca me ofereceu nenhum dinheiro para ajudar na manutenção da casa. Mas eu não me sentia à vontade para pedir – eu não gastava muito mais com ele lá do que quando eu vivia sozinha. E minha situação financeira era razoavelmente confortável, pois, com a herança dos meus pais, eu não tinha prestação de apartamento para pagar. Enfim, foi escolha minha mimá-lo quando ele estava em casa – ele nunca me pediu para servir lagosta no jantar nem petiscos de caviar.

Nunca mais vi o Porsche, é claro. Mas ele explicou que, como o carro passava a maior parte do tempo no estacionamento de aeroportos, achou mais sensato ter um carro menos chamativo. Assim, ele usava o meu. Eu não via problema nisso. Eu só precisava tomar dois ônibus para chegar ao trabalho, e o supermercado ficava perto de casa. Além disso, eu não tinha muitos amigos para visitar. Eu estava envolvida demais com Tom para abrir espaço para outras pessoas em minha vida.

Eu passava muito tempo limpando a casa. Ele gostava da casa impecavelmente limpa e ficava horas emburrado se achasse que a cama não estava bem arrumada ou encontrasse poeira no console da lareira. A única vez em que ele realmente me aterrorizou foi quando encontrou cabelo no ralo da banheira e disse que, se aquilo acontecesse novamente, ele jogaria Suze, minha gata querida, pela janela. Para mostrar que falava sério, ele a pegou pela nuca e começou a balançá-la fora da janela enquanto me dizia isso. Como eu nunca sabia quando ele estaria em casa, eu tinha de deixar a geladeira sempre cheia e ter sempre um prato delicioso para o jantar. Certa vez, ele voltou e eu só tinha feijão com torradas para oferecer. Eu disse que sentia muito, mas ele ficou muito bravo – jogou o prato na parede, saiu batendo a porta e sumiu. Fiquei sem notícias dele por quinze dias. Eu não queria nunca mais passar por aquilo novamente.

Sei que agora deve parecer loucura que eu tenha continuado com ele. Mas eu estava tão apaixonada... Ele era meu mundo. E quando ele estava bonzinho, era... incrível, carinhoso e atencioso.

As esquisitices continuaram. Ele sempre tinha uma explicação pronta e plausível, mas eu me remoía de preocupação e passava a noite em claro quando ele não dormia em casa. Quando eu lhe dizia que não estava encontrando o dinheiro que havia deixado na minha bolsa, ele respondia que eu era uma cabeça de vento e que provavelmente havia gastado sem perceber. Ou que alguém havia batido à porta pedindo donativos e que ele não gostava de mandar essas pessoas embora sem nada. Tom nunca recebia correspondência (ele dizia que ia tudo para o seu escritório), mas uma vez encontrei uma fatura de cartão de crédito no bolso do terno dele que me assustou. A fatura era de vários milhares de libras, e o endereço era residencial – mas não era o nosso. Ele disse que era outra conta da empresa.

Um dia, ele me disse que já estava cansado da empresa em que trabalhava. Ele teve uma ideia nova, um esquema brilhante. Ele não teria de viajar tanto e poderíamos passar mais tempo juntos, talvez até ter filhos. O único problema é que ele precisaria de um investimento inicial de aproximadamente 250 mil libras. Quando perguntei se ele pediria um empréstimo no banco, ele disse que não, que eles interfeririam demais. Era uma ideia tão nova que eles não teriam o discernimento necessário para entender do que se tratava. Então ele sugeriu vendermos a casa e usarmos o dinheiro. Poderíamos morar em algum lugar menor, não seria por muito tempo – esse novo negócio nos deixaria ricos.

Você vai achar que sou uma tonta. Mas ele era meu marido. Eu queria que ele fosse feliz e estava muito animada com a ideia de passar mais tempo com ele. Além disso, eu acreditava nele... Era óbvio que ele era bem-sucedido no trabalho, apesar de eu nunca ter entendido o que ele fazia. Na verdade, fiquei muito grata por ter a oportunidade de ajudá-lo... Eu sentia que, pela primeira vez, ele precisava de mim, e essa sensação era maravilhosa.

Obviamente, eu lhe entreguei o cheque e, mais ou menos uma semana depois de ele ter sido descontado, ele viajou novamente a negócios e nunca mais voltou. Durante algumas semanas, tentei não me preocupar – talvez ele tivesse sido convocado para fazer alguma viagem. Mas depois eu me apavorei: ele não atendia ao telefone. Percebi, então, que não tínhamos amigos em comum, eu nem sequer conhecia alguém de sua família para quem pudesse ligar. Finalmente, procurei a polícia e registrei seu desaparecimento. Algumas semanas mais tarde, eles me disseram que o nome dele era falso. Seu verdadeiro nome era Paul, ele era procurado por fraude com cartões de crédito e, agora que eles sabiam sobre mim, bigamia. Ele tinha outra esposa, que morava a apenas 40 quilômetros de distância, e um filho de 7 anos.

Tom, ou melhor, Paul está na prisão agora. De vez em quando ele me escreve, dizendo que está sentindo muita solidão. Diz que me proporcionou tantos momentos felizes e que agora não tem nada, que eu deveria ter pena dele. Às vezes, acho que deveria responder as suas cartas.

Jennifer, 36 anos, ex-esposa

Você está vivendo com um psicopata? Talvez seja difícil dizer. Seria bom que você soubesse. Mas ele não usa um sininho no pescoço para que possa ser identificado. (Estamos lidando mais com abusos mentais do que físicos – independentemente do perfil psicológico do seu parceiro, procure ajuda se estiver sendo vítima de violência doméstica.) Ao ler a história de Jennifer, talvez você tenha encontrado muitas pistas – que veremos em breve – e talvez ache que ela foi uma idiota em ficar com ele. Mas o amor é cego, não é? Quantas de nós já não perdoamos a falta de um telefonema, uma conta sem explicação, uma história que não fez sentido? Jennifer viu que algumas peças do quebra-cabeça não se encaixavam perfeitamente, mas ela era louca por ele e, como ela mesma disse, na maior parte do tempo ele era amável e atencioso.

O que confunde é que os psicopatas conseguem tapear muito bem suas vítimas *se fazendo* de carinhosos. Quando são inteligentes, eles aprendem os comportamentos sociais certos para enganar a maioria das pessoas a maior parte do tempo. Quando um psicopata quer desviar sua atenção de algo que revele sua verdadeira natureza, ele diz que ama você. Mas é óbvio que ele não *sente* amor.

Vamos analisar a história de Jennifer e Tom com mais profundidade para saber o que ela poderia ter percebido se tivesse ficado mais alerta.

Sabemos que Tom *é* psicopata e, como tal, demonstrou o conhecido processo de "avaliação-manipulação-abandono" sobre sua vítima. "AMA" é um modelo psicológico que caracteriza os relacionamentos psicopatas; esse modelo foi estudado nos relacionamentos dos psicopatas com seus colegas de trabalho, mas também se aplica à sua vida mais íntima.

Antes de tudo, Tom avaliou Jennifer para ver se ela seria uma boa parceira, ou seja, suscetível e cordata. Para alguns psicopatas, essa avaliação pode ser quase inconsciente, enquanto para outros é muito mais consciente. Tive um cliente que frequentava grupos de apoio em busca da melhor chance estatística de encontrar mulheres vulneráveis. Tom não chegou a fazer isso e, felizmente para ele, não precisou de muito tempo para encontrar uma mulher com "potencial"; Jennifer admitiu logo que era sozinha, que tinha família pequena, que estava entediada no trabalho e que dispunha de recursos financeiros. Vulnerável e cheia da nota: perfeita!

Em seguida, Tom teve de treinar Jennifer, preparando-a para sua marca própria em relacionamentos. Treinar significa moldar um parceiro submisso por meio de uma combinação desconcertante de momentos de ternura, ameaças e punições, quando a pessoa não se comporta como o psicopata quer. Em geral, a primeira etapa é uma investida cheia de romantismo – o Porsche, o jantar romântico, as declarações de sentimentos intensos.

Os psicopatas frequentemente adotam um estilo de romance do tipo "água com açúcar" – chocolates, flores, poesia. Tive um cliente que costumava entrar em lojas que vendiam cartões só para aprender frases românticas para usar com sua namorada. Você pode ficar com um pé atrás no início, mas será difícil resistir, principalmente se não estiver acostumada a receber tanta atenção.

Aqui está algo que um cliente me disse, que dá uma ideia muito boa de como funciona a mente de um psicopata: "Eu a chamaria de uma sócia regular, não uma namorada. A palavra namorada implica sentimentos que nunca tive por ela. Eu gosto dela... Mas o que é o amor? Eu gosto do sexo que ela me proporciona, das coisas que ela faz para mim e da sua companhia. Isso é amor? Eu não sinto por ela mais do que sinto pelo meu cão."

E que tal o que este outro me disse? "Eu lhe dou flores e digo que a amo do fundo do meu coração. Na verdade, não sei o que isso significa, mas sei que ela coloca um sorriso no rosto e compra tudo o que eu quiser. É mais barato comprar flores do que pagar meu aluguel."

A segunda etapa no processo de preparação muitas vezes é uma pequena zanga e ameaça de rejeição ou abandono se o parceiro não satisfizer o seu desejo. Jennifer aprendeu isso quando não deixou a casa suficientemente limpa e não preparou um jantar delicioso para Tom.

Depois disso, vem a fase dos pequenos maus comportamentos, em que o psicopata testa os limites para ver até onde ele pode ir. Vimos isso com Jennifer e Tom quando ele desaparecia sem avisar ou quando pegava dinheiro de sua bolsa. Assim como Tom dizia que Jennifer era uma "cabeça de vento", o psicopata faz a vítima sentir que está sendo insensata e que faz muito barulho por nada quando reclama. Ele faz suas vítimas se sentirem inferiores. Em toda discussão, a vítima sempre acha que é ela quem deve pedir desculpas.

Depois, há uma escalada constante do comportamento irracional, com breves retornos à investida romântica. Tom confundia Jennifer ao representar o papel de homem "carinhoso e romântico" na maior parte do tempo. É esse padrão de treinamento que coloca a vítima nas mãos do psicopata.

Nos casos mais graves, o psicopata pode manipular sua parceira reagindo às suas queixas com maus-tratos a alguém ou algo que signifique muito para ela – classicamente, animais de estimação ou crianças. Tom fez isso quando balançou a adorada gata de Jennifer para fora da janela no episódio em que ela não tinha limpado o banheiro de maneira adequada. Ele também se preocupou em isolar Jennifer de qualquer fonte de apoio ou de qualquer pessoa que pudesse desafiá-lo, recusando-se a satisfazer o desejo dela de convidar a tia ou os amigos para o casamento dos dois. Com o tempo, ela ficou praticamente isolada de todos – toda a sua vida girava em torno de Tom.

Finalmente, depois de obter tudo o que queria de Jennifer – um lugar para ficar, carro, sexo, comida na mesa e, por fim, um quarto de milhão de libras –, Tom a abandonou.

Mas, apesar de ter sido descoberto e preso, ele ainda está tentando voltar – escrevendo para Jennifer e pedindo que ela o aceite de volta. Esse é um comportamento que vejo muito no meu trabalho, pois os psicopatas não conseguem avaliar o impacto que exercem na vida de outras pessoas e se sentem no direito de pedir reconciliação. O aspecto mais perigoso e prejudicial de um parceiro psicopata é que ele acabará tentando voltar, assim como o mau cheiro no cano de esgoto.

OS SETE SINAIS DO PARCEIRO PSICOPATA

O modelo AMA – ou seja, avaliação-manipulação-abandono – ajuda a avaliar se alguém está envolvido com um psicopata, mas não é conclusivo. Vamos ver como as principais características do psicopata frequentemente se manifestam em seus relacionamentos.

Mike tem 27 anos e é jogador de futebol da segunda divisão inglesa. Casado com Dawn há oito anos – seu empresário o aconselhou a se casar o mais rápido possível –, ele tem dois filhos pequenos. Mike tem um relógio Rolex, dois carrões estacionados na garagem e comprou um cãozinho da raça *shih-tzu* para a "patroa". Dawn é bonita e se preocupa em manter a forma, mas não é boba: ela sabe que seu marido é cobiçado.

Mike também sabe e se sente feliz com isso. Ele foi sondado por algumas equipes da primeira divisão e está fazendo de tudo para concretizar a promessa que parecia ser quando se tornou profissional. Mas ele mal consegue acreditar em sua sorte – nada o deixa mais feliz do que quando tem oportunidade de se vangloriar do seu salário, de seus carros e do fato de poder dar aos filhos o que ele nunca pôde ter.

Numa noite, ele foi ao Bottoms Up, um bar com dança erótica em Cheshire, para comemorar o gol que marcara contra o Bolton FC. Ele recebeu atenção especial de uma dançarina chamada Crystal. Tudo em Crystal é "falso", e ela se orgulha disso: uma fileira de dentes brancos, bronzeado artificial, seios de silicone e *mega hair*. Mike está acostumado a receber muita atenção, mas algo em Crystal parece diferente – ela o ouve.

Não demora muito e Mike começa a frequentar o Bottoms Up duas ou três vezes por semana – e toda vez pede que Crystal dance para ele. Mike sabe que provavelmente está sendo um idiota, mas a verdade é que ela lhe proporciona muito prazer, e ele está incomodado com o fato de não conseguir ficar com ela por muito tempo. Apesar do interesse que demonstra por ele, ela o provoca, dançando para outros clientes na frente dele.

Sinal 1 Crystal realmente precisa trabalhar e, ao contrário da maioria de suas colegas dançarinas, acha que seu trabalho vale a pena, tanto em termos financeiros como em termos de satisfação pessoal. Assim como a maioria dos psicopatas, a sua atitude em relação ao comportamento sexual é impessoal e ela está empenhada em explorar o seu poder sobre os outros. Pornografia, prostituição ou, mais comumente, lenocínio é comum entre psicopatas. Crystal não chega a tanto, mas está preparada para usar displicentemente sua sexualidade com o intuito de manipular e provocar ciúme em Mike.

Bastam apenas algumas semanas para Crystal colocar Mike exatamente onde ela quer – na palma da sua mão. Com a voz embargada, ela lhe disse que estava sendo ameaçada de despejo e que seria despejada se não pagasse o aluguel – então, ele pagou (os três meses atrasados e três meses adiantados). Mike também espera incentivar Crystal a trabalhar menos, dando-lhe generosas quantias em dinheiro sempre que a vê. E toda vez que passam por uma joalheria ou butique de grife, há sempre algo na vitrine que atrai o olhar de Crystal e que Mike acaba comprando. Ele gosta das demonstrações de gratidão de Crystal, mais tarde, quando estão na cama.

Sinal 2 Há um clássico comportamento psicopata aqui: Crystal aproveita todas as oportunidades para *sugar o sangue* de Mike. É verdade que, nessa fase, é difícil perceber muita diferença entre Crystal e uma *periguete* qualquer. Curiosamente, os psicopatas nem sempre escolhem os fracos e vulneráveis – eles também gostam de parceiros com *status*, para que possam tirar proveito dessa associação.

Mas as boas maneiras de Crystal logo acabam. Mike fica chocado quando assiste à primeira mudança no seu comportamento: ele se esqueceu de abrir a porta do carro para ela e ouviu um monte de palavrões. Depois disso, esse comportamento irracional ficou cada vez mais frequente, e Crystal começou a ligar para a sua casa a qualquer hora, gritando quando ele atendia o telefone e desligando quando Dawn atendia. (Dawn não é boba – ela sabe o que está acontecendo, mas não confronta o marido porque tem muito medo de perder a sua minimansão.) Na semana passada, quando Crystal descobriu que Mike tinha levado Dawn para jantar em um restaurante fino (ela achou a nota quando estava revistando a carteira dele), ela foi até sua casa às três da manhã e quebrou todos os vasos do jardim. Depois, quebrou os faróis do carro dele.

Sinal 3 Crystal tem pouco controle sobre seu comportamento. Embora ela esteja sendo esperta ao manipular Mike, sua tendência a exibir raiva e frustração desproporcionais quando as coisas não saem exatamente como ela quer denuncia seu caráter psicopata.

Não importa o que Mike faça para ela, nunca é suficiente. Mike está "de quatro" por Crystal e não enxerga suas manipulações. Mas ela é fria com ele. Crystal nunca quer ficar abraçadinha depois do sexo, ela vira o rosto para que os lábios dele toquem sua bochecha sempre que ele se curva para beijá-la e o provoca dizendo que ele é "patético" na cama.

Ela chegou a filmá-lo com o celular quando eles estavam transando e agora ameaça mostrar o vídeo a Dawn. (Ele também acha que pegou Crystal mostrando o vídeo para a amiga; as duas riam histericamente.) Apesar de tudo isso, Crystal diz a Mike que quer levar o relacionamento adiante e morar com ele; ela fala o tempo todo que ele deve divorciar-se de Dawn, para que ela possa se casar de véu e grinalda e ter a grande festa de casamento que sempre quis.

Sinal 4 O desejo de Crystal de se casar com Mike é surpreendente, sobretudo levando-se em conta a maneira fria e abusiva como ela o trata. Compromisso não é um conceito que os psicopatas entendam, mas eles têm consciência de todas as vantagens financeiras, além de outras, que viver com um parceiro pode trazer. Aos 30 anos, um psicopata arquetípico já teve, no mínimo, três uniões ou casamentos fracassados.

Finalmente, Mike perde a paciência: para ele, chega. Ele diz a Crystal que quer se separar. Remove o número do celular dela do seu e faz reservas em um hotel cinco estrelas no campo para ele e Dawn; ele precisa descansar um pouco.

Mas ele não contava com a atitude de Crystal. Ela lhe telefona a cada quinze minutos durante 24 horas. Então, como ele não atende seus telefonemas, ela deixa um lindo embrulho em sua porta. Uma caixa com cocô de cachorro. Por fim, ela lhe envia um monte de mensagens de texto dizendo que não consegue viver sem ele.

Então, Mike volta atrás. O que era para ser um romântico final de semana a dois termina com a separação de Mike e Dawn. Ele diz que vai deixá-la. De volta à cidade, ele liga para Crystal e lhe diz que agora é um homem livre, que é todo dela. "Que notícia fantástica", diz Crystal. "Espere um segundo, tenho de sair... Eu te ligo mais tarde."

E, então, desaparece por duas semanas. Quando ela reaparece e Mike pergunta histérico onde ela esteve, ela responde simplesmente:

"Por aí". Crystal diz que Mike está fazendo tempestade em copo d'água. "Podemos sair pra jantar, agora?", pergunta ela. Caso encerrado.

Sinal 5 Esse caos – histeria, desaparecimentos inexplicáveis, ultimatos – é um sinal clássico de um relacionamento psicopata, que gera uma série de recompensas e punições destinadas a atrair cada vez mais a vítima. Obviamente, são exatamente esses sinais que transformam a relação em dependência.

Agora que deixou Dawn, Mike está ansioso por regularizar seu relacionamento com Crystal. Ele diz que quer conhecer a sua família – gostaria de convidar os pais dela para almoçar com eles. Mas ele percebe que ela é sempre vaga em relação aos familiares – ele não tem certeza de que alguma vez ela tenha lhe dito onde eles moram. Sempre que Mike pergunta sobre seu passado, ela parece fugir da resposta, alegando que "não é muito interessante" ou falando para ele cuidar da própria vida. Se prestar atenção, Mike perceberá que Crystal troca de melhor amiga toda semana – ela está sempre brigando com as outras dançarinas –, e quando ele sugeriu fazer uma festa no aniversário dela, ela logo mudou de assunto. Ele se pergunta se ela *tem* amigos.

Sinal 6 Mike devia ficar atento às declarações confusas de Crystal sobre seus amigos e sua família. Quando se tem um envolvimento romântico com alguém, espera-se conhecer ou, ao menos, ter algum grau de envolvimento com o mundo dessa pessoa. Os relacionamentos de psicopatas com familiares e amigos tendem a ser tensos ou inexplicavelmente inexistentes. Se você nunca for convidado para tomar chá com a mãe, a tia ou a melhor amiga ou um amigo, pode ser que um parceiro psicopata tenha mudado tanto a sua história que não tenha tempo a perder com esses relacionamentos ou que simplesmente tenha rompido com todos os seus parentes.

O que Mike não sabe é que há outros três homens na vida de Crystal. Todos eles estão pagando seu aluguel, suas roupas e suas joias.

Felizmente para Mike, ele consegue fugir do seu envolvimento com Crystal a tempo. Não que isso tenha partido dele, pois ele achava que estavam prestes a morar juntos. Mas numa noite Crystal conheceu um jogador de futebol da primeira divisão no clube que frequentava e decidiu que ele seria um alvo melhor do que Mike e todos os outros juntos. Mike não sabia, mas foi abandonado em seu novo apartamento vazio, aquele que ele tinha comprado para eles morarem juntos e do qual ele pegara a chave naquele mesmo dia. E a conta bancária conjunta que ela insistiu em abrir para simbolizar a união dos dois? Vazia.

Sinal 7 Como se não bastassem a manipulação, a extorsão, as mentiras, os sentimentos superficiais, a conduta de parasita e o comportamento sexual inadequado, Mike vê Crystal ir embora sem sequer olhar para trás. Ela podia ter uma vida confortável com Mike, mas não consegue resistir à tentação de abandoná-lo diante da perspectiva de um golpe mais vantajoso. Mesmo que ela tenha fugido agora, Mike deve ficar atento. É mais do que provável que ela volte assim que ele começar a refazer sua vida.

VOCÊ É ATRAENTE PARA UM PSICOPATA?

Analise estas três situações e veja se você se reconhece em alguma delas.

Tipo A

Uma noite, seu namorado chega em casa às quatro da manhã com uma marca de chupão no pescoço. Você sabe que ele saiu com amigos para uma noitada e, claro, abusou um pouco: você sabe como as mulheres dão em cima de caras bêbados. Você se levanta, prepara uma omelete para ele e o deixa dormir para se curar da ressaca.

Depois de você ter feito planos, seu parceiro lhe diz que não pode ir ao casamento da sua irmã no próximo mês – o casamento coincide com a final de um torneio de sinuca do qual ele está participando e que, certamente, vencerá. Você entende e pede desculpas à sua família em nome dele.

Ainda bem que vocês têm alguns dias de folga pela frente. Mas, um dia antes de saírem de férias, ele liga e diz que surgiu um problema no trabalho e que não poderá sair agora.

É a terceira vez que isso acontece e ele não é nenhum grande homem de negócios, mas um corretor de imóveis. Você desliga o telefone e cai no choro e, depois, vai fazer o jantar. Não é culpa dele. Pelo menos você vai poder fazer uns reparos na área externa da casa.

Algumas semanas depois, você lhe empresta o carro para ir pescar com os amigos, mas quando ele volta o carro está com o tanque vazio e cheio de latas de cerveja vazias e iscas fedorentas. Sem falar no amassado da traseira. Ainda assim, ele não lhe pede desculpas nem lhe dá explicações. Como você acha que ele está preparando um grande gesto como pedido de desculpas, você prepara o peixe para o jantar e manda lavar o carro.

Você economizou o ano inteiro para comprar o presente de aniversário do seu parceiro, algo que você sabe que ele quer muito – uma moto. E também encomendou um bolo na confeitaria do bairro. Se você pudesse, organizaria uma grande festa surpresa para ele, mas você não conhece nenhum dos amigos dele, e ele não gosta dos seus.

Seu parceiro viajou a negócios por uma semana e, durante esse tempo, não entrou em contato com você uma única vez a não ser para lhe dizer que está saindo do aeroporto e voltando para casa. Obviamente, ele esteve muito ocupado e deve estar exausto – você o espera com um banho quente e um bom jantar.

Na semana seguinte é você que precisa viajar para visitar seus pais. Você lhe pede para alimentar o seu gato. Mas quando você volta, a tigela está vazia há bastante tempo e o gato está miando de fome. Ele explica que contraiu uma alergia repentina por seu animal de estimação. Você fica triste, mas acha que é melhor procurar outro lar para seu querido gatinho.

Pouco depois de receber uma herança generosa de sua finada tia, seu parceiro lhe diz que precisa de um empréstimo de 10 mil libras (praticamente todo o valor da herança). Você diz que, em vez de emprestar o dinheiro, prefere lhe dar – isso evita complicações e, afinal, tudo o que é seu é dele também.

Uma noite, quando você está prestes a sair de casa para ir a uma festa, seu namorado diz que não gosta do vestido que você está usando – ele é muito decotado. Você suspira, mas sabe que não vale a pena discutir. Então, tira o vestido e coloca seu *jeans* e um suéter, como de costume.

Tipo B

Se o seu namorado voltar para casa às quatro da manhã com uma marca de chupão no pescoço, ele não vai se deitar na sua cama nem que a vaca tussa. Você o deixará no sofá – ele terá de se explicar pela manhã.

Quando ele fala que não pode ir ao casamento da sua irmã, você diz que entende. Você entende que as prioridades dele são outras e, obviamente, você não é uma delas. Você diz que está pensando seriamente em terminar com ele depois dessa.

Quando suas férias são novamente canceladas na última hora, você decide ir mesmo assim – só que com sua melhor amiga.

Ao ver o estado do seu carro depois da pescaria, você lhe dá um balde e uma esponja e o manda lavar o carro. Você lhe diz que ele pagará a conta do conserto e o retira do seguro do carro.

No aniversário dele, você lhe faz um bolo de chocolate. A essa altura, você não está se sentindo particularmente generosa em relação a ele.

Depois de uma viagem de negócios sem nenhum contato, seu namorado volta para casa e descobre que você foi embora.

Ao descobrir que seu gato foi abandonado, você sugere que seu namorado consulte um médico para tratar da alergia... e que desapareça por alguns dias.

Quando seu namorado pede as 10 mil libras emprestadas, você diz que precisa saber para que ele precisa do dinheiro e que, se lhe emprestar, ele terá de pagar em prestações e com juros. Ele terá de assinar um contrato concordando com esses termos.

Quando seu namorado diz que não gosta do vestido que você está usando, você responde que não vai tirá-lo porque adora essa roupa, mas que pode usar uma jaqueta junto com o vestido.

Tipo C

Seu namorado chega à porta do quarto e lhe mostra a marca de chupão no pescoço. Você lhe dá uma bofetada e, depois, vocês fazem sexo selvagem.

Quando o seu namorado menciona o torneio e diz que coincidirá com o casamento, você quebra o taco de sinuca dele ao meio.

Diante da notícia do cancelamento da viagem de férias, você decide que, se Maomé não vai à montanha... e invade seu escritório no dia seguinte com um piquenique regado a champanhe.

Quando seu namorado chega da pescaria, você o convida gentilmente para entrar e tomar uma xícara de chá. Então, coloca o peixe no escapamento do carro e lhe pede para levar o carro para casa.

No aniversário dele, você lhe faz uma supresa no trabalho com um "telegrama animado" – infelizmente, o telegrama chega exatamente quando ele está em uma reunião com o chefe.

Se o seu namorado alguma vez se atrever a ficar sem dar notícias durante uma semana, ele encontrará a fechadura trocada quando chegar em casa.

Depois do episódio do gato faminto, você "se esquece" de alimentar o "peixinho dourado" do seu parceiro da próxima vez em que ele ficar fora – e, quando ele voltar, encontrará o peixinho flutuando no aquário.

Quando seu namorado lhe pede para emprestar o dinheiro que você herdou, você se desculpa e diz que não pode – o dinheiro já foi investido de forma inteligente (pagamento da fatura do cartão de crédito, uma bolsa de grife e um fim de semana em Paris).

Quando seu parceiro lhe diz para tirar o vestido que está usando, você só concorda se for para os dois desistirem da festa e irem para a cama mais cedo.

Como você se saiu?

Se a maioria das suas respostas se encaixou no perfil do Tipo A, você é o sonho de um psicopata, pois permite que ele a controle para conseguir o que quiser (o principal ponto nesse caso é que você não conhece os amigos dele e ele não gosta dos seus). Ele não vai mudar, mas você pode mudar. Aprenda a se amar e procure um homem que a respeite.

Se a maioria das suas respostas se encaixou no perfil do Tipo B, dificilmente você cairá na armadilha de um psicopata – e, se cair, ele não ficará por perto durante muito tempo. Ele não conseguirá manipular alguém como você, contanto que você fique atenta.

Se você se reconhece no Tipo C, então certamente é uma pessoa decidida. Na verdade, talvez até um pouco demais. Você não corre nenhum risco de ter um namorado psicopata, mas talvez precise lembrar-se de que fazer concessões em um relacionamento não é sinal de fraqueza, mas de justiça.

COMO UM PARCEIRO SE TORNA UMA VÍTIMA

Depois de um comportamento inaceitável, é comum o psicopata expressar arrependimento (superficial). Ele pode fazer promessas de mudar ou jogar todo o seu charme para cima da vítima. Nessa fase, ou seja, logo depois do incidente lamentável, a vítima pode ter consciência de que o comportamento é inaceitável, mas, como os efeitos traumáticos iniciais diminuem com o tempo, ela é seduzida pelas promessas do parceiro e acaba retomando ou mantendo o relacionamento. Muitas vezes, segue-se um período de romance calmo e estável, que é altamente gratificante e reforça o otimismo da vítima em relação ao futuro. Será que foi um episódio isolado?

No entanto, quando a relação volta a ficar tensa, a vítima reconhece prontamente a situação e, em geral, tenta mudar o *seu* próprio comportamento para evitar novos abusos (em vez de mandar o parceiro embora ou avisá-lo de que esse comportamento não será tolerado). Quando tenta acalmar seu parceiro, a vítima percebe que sua tentativa é inútil. Isso pode levar a uma escalada de medo, tensão e stress emocional. Não que o psicopata necessariamente repare nisso; estudos mostram que eles têm dificuldade para fazer uma distinção entre medo e tristeza pelo tom de voz.

Em alguns estudos, crianças e adultos que exibiam tendências psicopatas foram solicitados a ouvir uma gravação de vozes e a descrever a emoção contida nessas vozes, mas tiveram dificuldade em fazê-lo.[44] Um resultado semelhante foi observado num estudo em que psicopatas foram solicitados a identificar a emoção expressa no rosto de outras pessoas e eles se mostraram insensíveis a sentimentos de medo, aversão e tristeza.[45] Os pesquisadores descobriram também que, diante de um rosto com expressão neutra e que lentamente se transformava em expressão de medo, os psicopatas levaram um tempo significativamente maior para identificar a emoção do que os não psicopatas. Eles precisaram de 75% da expressão para poder detectar o medo, e os que não eram psicopatas precisaram de 65% da expressão.

Quando a vítima descobre que é incapaz de se proteger de tudo o que está acontecendo ou é submetida a abuso psicológico intermitente, como insultos, humilhações e comentários do tipo "você me fez fazer isso", ela começa a se achar cada vez mais indefesa e mais fraca que o parceiro. Por esse motivo, as vítimas frequentemente sentem que "precisam" da outra pessoa para compensar suas próprias falhas. É por isso que a vítima tem uma enorme dificuldade para romper o relacionamento sem um sólido apoio externo.[46]

POR QUE AS MULHERES AMAM HOMENS QUE ESTÃO NO CORREDOR DA MORTE?

Uma coisa curiosa que tenho notado com os presidiários mais perigosos é que eles recebem um monte de cartas e muita atenção de mulheres que não conheceram antes; evidências empíricas indicam que o mesmo acontece com os homens que estão no corredor da morte. Também pode ser uma coisa bastante feminina, pois não observo a mesma coisa com as presidiárias mais perigosas. Elas não recebem cartas de homens que não conheceram antes da prisão. Por que isso acontece?

As pessoas que têm dificuldade de ter relacionamentos íntimos podem, inconscientemente, escolher parceiros que estão física ou emocionalmente indisponíveis. Isso lhes permite experimentar a inebriante sensação de "amar" sem ter de lidar com a realidade – muitas vezes, entediante ou difícil – de um relacionamento e correr o risco de uma proximidade real.

Um relacionamento com um prisioneiro que está no corredor da morte é a expressão máxima disso. Ele pode ser forte e intenso, mas é 90% fantasia. Vamos ser honestos, a chance de um namorado nessa situação aparecer na sua porta de mala e cuia, pronto para se mudar para a sua casa, é mínima ou nula. É o tipo de relacionamento que não passa da fase de cartas de amor e conversas ao telefone, ou seja, a fase inicial de um relacionamento. É estimulante sem ser ameaçador.

Sei de algumas mulheres que descobriram que seu "namorado" prisioneiro tinha várias mulheres ao mesmo tempo, mas estavam preparadas para ignorar isso, uma vez que essa situação atendia perfeitamente às suas necessidades de uma fantasia de relacionamento próximo, mas não tão próximo.

Além disso, muitas mulheres são atraídas pela ideia de reformar um garoto malvado com seu amor. Talvez essas mulheres achem erótica e lisonjeira a ideia de um homem que é carinhoso e romântico com elas, mas que no passado foi capaz de cometer uma violência extrema. Elas costumam aceitar desculpas, justificativas e explicações para os crimes que eles cometeram; assim, podem ficar com eles sem muito conflito.

Em muitos aspectos, esse tipo de relacionamento é psicologicamente semelhante ao de mulheres que se "apaixonam" por celebridades ou por homens comprometidos. Esse comportamento foi associado a uma perda no passado (muitas vezes, de um filho), e essas mulheres não querem ter relacionamentos "de verdade" e correr o risco de passar pela dor de uma perda no futuro.

AS ESPOSAS QUE "NÃO SABIAM DE NADA" – ROSEMARIE FRITZL E PRIMROSE SHIPMAN

Se você acha que não há nenhuma possibilidade de ser enganada pelo tipo de psicopata que descrevi acima, pense nas mulheres que viviam na total ignorância de que seus maridos eram psicopatas graves. Duas que me vêm à mente são a senhora Shipman e a senhora Fritzl.

Rosemarie Fritzl casou-se com o agora famoso Josef Fritzl, quando ela tinha 17 anos e ele, 21. Em 2008, com 73 anos, ele foi condenado à prisão perpétua por ter tido sete filhos com sua filha, que ele manteve no porão de sua casa durante 24 anos. Um bebê viveu apenas três dias e foi "cremado" no incinerador de madeira, três viviam como uma "família no porão", com a filha Elisabeth; e três viviam na casa com Rosemarie, pois ela os adotara depois que Josef dissera que eles haviam sido deixados na soleira da porta pela filha, que fugira com uma seita.

Muita gente se perguntou como Rosemarie Fritzl poderia deixar de ter visto os carrinhos de mão carregados de alimentos que eram levados para o porão e ter ignorado o fato de não ter permissão para ir lá. Tampouco ela demonstrou desconfiança pelo fato de a filha deixar não uma, mas três crianças em sua porta. Muitos perguntam por que ela não fez nada para procurar a filha por ocasião de seu súbito desaparecimento.

Mas Josef Fritzl era um déspota em casa. Quando eles tinham dez anos de casados, ele ficou preso durante dezoito meses sob a acusação de estupro. Mesmo assim, ela o aceitou de volta. Ela também fez vista grossa para o fato de a filha ser estuprada repetidamente pelo marido entre 11 e 18 anos antes de "desaparecer". Talvez o medo a tenha impedido de fazer muitas perguntas ao marido, o que acabou levando-a a uma "dissonância cognitiva extrema", um quadro psicológico em que dois sentimentos conflitantes são reduzidos por uma lógica irracional. No caso de Rosemarie, ela ainda encontrou desculpas para o comportamento do marido, apesar de serem absurdas.

Atualmente, afastada dos filhos e netos, ela trocou de nome e vive sozinha em um pequeno apartamento na Áustria. Ela não é excepcional – pelos menos não tão excepcional quanto a ocorrência do comportamento psicótico extremo.

Primrose Shipman foi casada com o dr. Harold Shipman, o médico condenado à prisão perpétua pelo assassinato de quinze pacientes com injeção letal e pela falsificação de um testamento. Estima-se que ele tenha sido responsável por cerca de 250 mortes. Primrose assistiu ao seu julgamento; dizem que era sempre a primeira a chegar e a última a sair e que até mesmo distribuía chocolates. Esposa fiel durante 35 anos, ela dizia o tempo todo que estava "convencida" da inocência do marido. Além disso, fazia muito tempo que ela tivera de colocar o marido acima de tudo.

Eles se conheceram em 1966, quando ela tinha 17 anos, e poucos meses mais tarde, por causa de uma gravidez, foram obrigados a se casar, embora os pais de Primrose, metodistas rigorosos, reprovassem totalmente o casamento. Em 1975, o dr. Shipman foi multado em 600 libras e enviado a uma clínica de reabilitação de drogas por forjar receitas de petidina para uso pessoal. A esposa o levava para suas consultas domiciliares e explicava seus apagões induzidos pelo uso de drogas como "ataques epilépticos". No trabalho – e em casa – ele tinha fama de ser valentão, com oscilações irracionais de humor e temperamento infantil.

No entanto, mesmo na prisão, ele escrevia poesias românticas para ela, que continuou a visitá-lo até seu suicídio, quatro anos depois da sua condenação. Segundo relatos de jornais, ela ainda usa a aliança de casamento. Shipman, obviamente, foi capaz de inspirar uma imensa lealdade em sua esposa e de produzir em outras pessoas emoção e carinho genuínos que – pela natureza fria e calculista de seus crimes – era pouco provável que ele mesmo sentisse.

Às vezes, um psicopata encontra seu par "perfeito": "Eu estava esperando o ônibus na estação de Cheltenham. Ele se aproximou de mim e começou a conversar. Minha primeira impressão foi... como diria... de nojo! Ele estava sujo, parecia desonesto e não gostei da maneira como ele falava. Claro, Fred poderia conseguir qualquer coisa com seu charme, e, com um pouco de conversa, convenceu-me a beber alguma coisa com ele", disse Rosemary West.

A NAMORADA ASSASSINA – TRACIE ANDREWS

Em dezembro de 1996, Lee Harvey, de 25 anos, sangrou até a morte em uma estrada rural. Sua noiva, Tracie Andrews, afirmou que um "homem gordo com grandes olhos arregalados o assassinara depois de um episódio de ataque de 'fúria no trânsito'". Isso desencadeou uma caçada humana no país inteiro. A polícia interrogou 650 motoristas, mas não conseguiu encontrar nenhum suspeito.

Depois do ataque, Andrews fez apelos emocionados na televisão para que capturassem o assassino. Ela descreveu o noivo como um homem "amável, atencioso, divertido" e bom pai para suas duas filhas, ambas de 5 anos, de um relacionamento anterior.

Na verdade, foi Andrews – na época, com 27 anos – que cortou a garganta dele e o golpeou várias vezes com um canivete suíço. Durante o julgamento de 21 dias, verificou-se que o casal tinha um relacionamento instável. Três vezes por semana, a vizinha ouvia discussões que duravam duas horas. Eles gritavam tanto que ela conseguia saber sobre o que estavam discutindo. Eles tiveram uma discussão desse tipo no dia do assassinato.

Os sinais de temperamento forte e instável de Tracie (ela também agrediu o namorado em público várias vezes) indicavam pouco controle comportamental. Mas o elemento mais chocante e potencialmente psicopata da história de Tracie é que ela foi capaz de ir à televisão pedir ajuda para que o assassino do namorado fosse encontrado. Durante algum tempo, ela manteve suas alegações de inocência – ela não mostrava remorso nem assumia a autoria do crime –, mais sinais de alerta.

Tracie Andrews foi condenada, com a recomendação de permanecer atrás das grades pelo menos quatorze anos. Ela alegou inocência no momento da sentença e só admitiu sua culpa em 1999, numa tentativa de reduzir sua pena. Ela saiu da prisão em julho de 2011.

RESUMO E RECOMENDAÇÕES

Assim como em qualquer outra área de manipulação ou fraude, um psicopata em busca de uma parceira escolhe sua vítima com cuidado.

Ele escolhe uma mulher solitária e vulnerável, ou muito bem-sucedida, que possa lhe dar o *status* que deseja. Hábil manipulador, ele usa uma série de recompensas e ameaças para conseguir exatamente o que quer de sua vítima. Finalmente, quando consegue, ele a abandona, deixando-a perplexa e confusa. Em geral, ele volta várias vezes. O relacionamento com um psicopata pode ser verdadeiramente devastador. Mas entendo que a dinâmica dessa relação pode causar uma grande dependência ("ele me ama... ele não me ama... ele me ama...").

Então, como encontrar uma saída e manter o respeito por si próprio?

- As recompensas pelos bons momentos são grandes. Você precisa se perguntar se é amor ou dependência. Uma boa maneira de descobrir isso é fazer uma lista do que você valoriza em um relacionamento e ver até onde você pode ir: Você valoriza a lealdade? A honestidade? O que é aceitável e o que não é? Será que o seu relacionamento atual desrespeita seus valores? Se você está constantemente abrindo mão de suas convicções sobre como deve ser um relacionamento, é provável que ele tenha se tornado um mau hábito, e não uma escolha.
- Faça uma auditoria do seu relacionamento: Que porcentagem do tempo você se sente contente, feliz e respeitada? Que porcentagem do tempo você se sente usada, dominada e ansiosa? Dependendo das respostas a essas perguntas, talvez seja hora de abandonar tudo e sair correndo antes que ocorram perdas maiores. Admito que é mais fácil falar do que fazer, mas, ao menos, procure aconselhamento jurídico, além de apoio profissional e pessoal.
- Se você acredita que está se relacionando com um psicopata, precisa, em primeiro lugar, reconhecer que o comportamento dele não vai mudar. Na verdade, você pode achar que é você quem precisa mudar, para que tudo entre nos eixos. Infelizmente, nem amor nem

perdão vão gerar a mudança necessária. O psicopata resiste a todas as formas de apelo emocional. O comportamento dele pode melhorar um pouco com a idade, mas não há "cura".

- Se você não puder sair desse relacionamento de imediato, então, proteja-se. Em termos práticos, por exemplo, você tem uma conta bancária separada? Fique de olho nas finanças conjuntas. Faça o que puder para se proteger: recuse-se a ceder aos caprichos dele e pare de lhe emprestar dinheiro ou de concordar em ter relações sexuais sempre que ele quiser.
- Não entre em jogos de poder: a situação invariavelmente piora e você só tem a perder. Não esconda segredos dos amigos nem dê desculpas para o comportamento do seu parceiro em relação a eles. É compreensível que você se sinta envergonhada, mas isso já é um sinal claro de que há algo errado no relacionamento. Seus amigos não podem reagir da maneira que você quer que eles reajam, mas eles vão ajudar você a manter uma perspectiva adequada.
- Reconheça que se o seu parceiro lhe impõe humilhações, grita ou se aproveita de você, é sinal de que você está sendo vítima de abuso. Veja a situação como ela realmente é e lembre-se sempre de que *a culpa não é sua*. Ele pode até fazer uma lista de motivos para provar que a culpa é sua, mas esses motivos não são reais.
- Não seja conivente com a versão distorcida do seu parceiro em relação aos acontecimentos, principalmente quando ele transfere para você a culpa e a responsabilidade por seu comportamento irracional. No final de toda discussão, é sempre você que pede desculpas. Diga: "É assim que vejo a situação..." Quando ele disser que você está exagerando, negue e diga "Bem, isso é o que *você* acha".
- Tenha autoconfiança: fale em tom calmo e baixo, mas com voz firme. Mantenha a cabeça erguida, diga o que precisa dizer e, em seguida, simplesmente desligue-se da situação – saia da sala, leve o cachorro para passear, vá fazer compras. Não perca seu tempo.

Quanto mais você levar isso adiante e andar em círculos, mais desorientada se tornará e maior será a probabilidade de ser enrolada por ele. Se você não fraquejar, é bastante provável que ele lhe faça o grande favor de ir embora.

9

SUA CELEBRIDADE FAVORITA É PSICOPATA?

O cara sedutor que persegue de forma implacável a fama e a riqueza tem muitas características psicopatas. O problema é como diferenciar um *superstar* de um psicopata. Ambos podem ser encantadores, extremamente egoístas e francamente malucos quando se trata de suas exigências pessoais, e vivem rodeados por uma comitiva manipulada para alimentar seu ego inflado.

À primeira vista, as celebridades psicopatas não representam um perigo – afinal de contas, elas estão a uma distância segura. Mas acredito que o perigo resida na maneira como elas manipulam os fãs. Se você olhar uma celebridade como um modelo de comportamento ("o que Elvis faria?"), poderá se sentir estimulado a reproduzir características psicopatas que não o tornarão muito popular entre seus amigos e familiares. Infelizmente, em uma sociedade que reverencia as celebridades, esse tipo de comportamento está aumentando, pois pessoas comuns querem participar de *reality shows* na TV e reivindicam o seu "direito" à fama apesar de não terem talento algum. Até mesmo aqueles que não estão na televisão podem achar que narcisismo e expressão exagerada das emoções são comportamentos normais. Isso não contribuirá em nada para tornar nosso mundo agradável.

Comecei a trabalhar para Chrissie há um ano. Sou sua 29ª secretária particular num período de treze anos. Fui a que permaneceu mais tempo no cargo até agora, provavelmente porque tenho experiência – já passei por muita coisa na vida. Seu empresário me contratou contra a sua vontade, porque sou uma das poucas pessoas que não suportam insensatez. Mas tenho de admitir: às vezes, chego ao meu limite com Chrissie.

Como você sabe, Chrissie é uma famosa estrela de cinema. Ela ganhou um Oscar, recebeu outras três indicações à estatueta e é uma das queridinhas da mídia. Ela conseguiu cultivar uma imagem de mãe amorosa, de alguém que tem realmente os pés no chão e que faz várias obras de caridade. Os repórteres e fãs sempre ficam encantados com suas boas maneiras e com sua declaração de que não tem nada de que ela goste mais do que tomar uma cervejinha e comer batata frita no pub local. Mas qualquer um que trabalhe com ela sabe que as coisas são muito diferentes.

Para começar, ela está se divorciando pela terceira vez e tem dois filhos, cada um de um pai. As crianças estão muito chateadas com toda essa mudança, mas Chrissie não parece nem um pouco preocupada com isso. Na verdade, raramente tem um homem só na sua vida – casada ou não, ela sempre dribla dois ou três e espera que os filhos simplesmente aceitem. Ela disse para as crianças chamarem de "tio" qualquer homem que encontrarem no café da manhã. Mas Chrissie não está nem aí com a possibilidade de eles estarem se sentindo confusos ou não; para ela o que importa é que eles aparentem estar bem para as câmeras quando ela fizer sessões de foto em casa. Nessas ocasiões, ela sempre faz demonstrações de carinho, com direito a beijos e afagos. O resto do tempo, eles ficam com as babás. Quando o mais novo tinha apenas 2 meses de idade, Chrissie passou quatorze semanas filmando no exterior, mantendo contato com eles apenas pelo Skype.

Chrissie não vai a lugar algum sem seu séquito particular. O cabeleireiro, o estilista, o maquiador e o personal trainer estão sempre à mão. Além de quatro guarda-costas que a acompanham em todos os lugares – até mesmo no set de filmagens. Tem um monte de gente na sua folha de pagamento, que fica à sua disposição e para quem ela liga sempre que fica entediada e quer se distrair. Qualquer um que lhe cause o menor aborrecimento é despedido imediatamente. Portanto, você pode imaginar a rotatividade de funcionários.

Chrissie não se dá o trabalho de cancelar uma cara sessão de fotos. Já tive de ligar várias vezes para fotógrafos e dizer que ela "estava a caminho", sabendo que ela tinha decidido sair e fazer outra coisa completamente diferente. Discutíamos com ela, tentando dissuadi-la de fazer compras ou se embebedar com amigos em restaurantes para que cumprisse pelo menos alguns de seus compromissos. A verdade é que, se não fosse por nós, a vida de Chrissie ficaria totalmente fora de controle.

Mas acho que não devo ser ingrata. A vida de Chrissie como diva garante o contracheque de cerca de quarenta pessoas, como empregadas, jardineiros, motoristas, contadores, agentes publicitários, etc. Quando o nome dela é cogitado para um grande papel, ela está longe de ser a única a cruzar os dedos para ser escolhida.

Chrissie recebe muitos convites para fazer trabalhos beneficentes e tem fama de ser muito generosa com seu tempo. Ela tem participado de muitas ações humanitárias no exterior, e os jornais publicam artigos sobre suas visitas a crianças hospitalizadas ou a vítimas de AIDS na África do Sul. Suponho que as instituições de caridade fiquem felizes com isso, pois esses eventos sempre atraem muita atenção da mídia e devem ajudar a conscientizar as pessoas. Mas se você analisasse com atenção, perceberia que ela não trabalha para nenhuma organização beneficente por muito tempo – é simples, depois de algumas aparições, eles não solicitam mais a sua colaboração. Isso porque, enquanto diante das câmeras ela parece uma santa em seus vestidos brancos esvoaçantes, os bastidores são sempre caóticos.

Chrissie não vai a lugar algum sem antes firmar um contrato com uma lista enorme de exigências – nem no meio do deserto, e pode ter certeza de que eu sei o que estou dizendo. Essa lista inclui, entre outras coisas: velas aromáticas; um arranjo floral com gardênias, jasmins e lírios; champanhe; água mineral natural; uma massagista; dois espelhos de corpo inteiro; uma cesta de frutas... Você entendeu. Quando alguém ousou comentar que era muito difícil e dispendioso para as instituições satisfazerem a essas exigências, ela explodiu e disse que eles estavam economizando dezenas de milhares de libras em cachê e recebendo muita publicidade gratuita nos jornais, portanto isso era o mínimo que podiam fazer.

O engraçado é que é a própria Chrissie que geralmente arranja a cobertura da mídia para esses eventos. E recebe pagamento da revista. Poucos acontecimentos da vida dela não foram registrados para a posteridade. Uma vez, falou-se muito que Chrissie ia filmar o parto do filho mais novo para um reality show. Mas alguém chamou a atenção para o fato de que uma cesariana poderia prejudicar a sua imagem, e então ela desistiu da ideia. (É claro que ela teve uma cesariana programada – afinal, de que outra maneira poderia organizar seu cronograma de filmagens na época do parto? Sem falar da plástica de seios e barriga que ela fez na mesma ocasião.)

O grande problema agora é que, como Chrissie está envelhecendo, ela não consegue mais os papéis de antigamente, e seus chiliques estão ficando cada vez piores. Todos nós tememos as manhãs – se ela se olhar no espelho e descobrir uma ruga que não estava lá antes, o bicho pega. Seu cirurgião plástico disse que não fará mais nenhuma intervenção nela. Mas ela encontrou outro disposto a fazer. Até agora, é impossível afirmar que ela já fez muitas plásticas – ela diz aos fãs que apenas bebe muita água e tem oito horas de sono por dia –, principalmente graças aos retoques feitos em todas as suas fotos. Mas isso não vai funcionar por muito tempo.

O pior de tudo é que Chrissie ferrou muita gente até chegar ao topo. A família não fala mais com ela. Ela é grosseira com a equipe de filmagem (ela berrou com um pobre assistente de produção por lhe levar Pepsi, em vez de Coca-Cola Diet, e exigiu que o diretor o despedisse imediatamente); até os pedreiros que ela contratou para trabalhar na sua mais nova mansão no campo pediram demissão no meio do trabalho, pois não conseguiram aguentar suas grosserias. Acabei de atender ao telefonema de um jornal que ameaçava publicar um artigo de um dos atores que contracenaram com Chrissie no último filme a respeito do seu comportamento no set de filmagem. Portanto, ela vai ter de preencher outro cheque. Um dia, alguém vai botar a boca no trombone, e não poderemos fazer nada. Quando esse dia chegar, vou mudar para uma zona de guerra para ter um pouco da paz e tranquilidade de que tanto preciso.

Susannah, 41 anos, secretária particular de estrela

Pesquisas realizadas nos Estados Unidos nos últimos quarenta anos revelaram sistematicamente que, em qualquer dado momento, dois em cada cem americanos querem ser famosos.[47] Duvido que a porcentagem seja muito diferente no Reino Unido. Uma pesquisa revelou que 54% dos adolescentes queriam ser famosos (em comparação, apenas 15% deles queriam fazer medicina)[48]; outra pesquisa descobriu que até mesmo os pré-adolescentes almejam o estrelato, sendo que 12% querem ser esportistas, 11% querem ser *pop stars* e 11%, atores.[49] Vinte e cinco anos atrás, as três carreiras mais desejadas eram de professor, bancário e médico. A cultura da celebridade se popularizou na última década com a ascensão crescente dos *reality shows* na televisão, por meio dos quais qualquer pessoa pode ficar famosa unicamente por "ser ela própria". Não é preciso ter um talento específico nem frequentar clubes restritos durante anos.

É claro que não é preciso ser psicopata para ser celebridade... Mas ajuda! Se alguém quiser ser famoso, alguns traços psicopatas podem tornar sua ascensão mais rápida e mais fácil. Ausência de remorso ou culpa indica que ele poderá pisar nos outros como se fossem trampolins para chegar ao topo. Da mesma forma, a presunção garante uma crença inabalável de que ele deve ser famoso: nenhum percalço ou crítica o fará vacilar. Quando Simon Cowell, produtor de um programa de calouros da televisão britânica, diz a um candidato psicopata "Se as suas habilidades como salva-vidas fossem tão boas quanto suas habilidades musicais, muita gente morreria afogada", ele não se abala. Provavelmente, até responde afirmando que Simon está enganado.

Chrissie demonstra outros traços importantes: ela cultiva uma imagem pública que contrasta com sua conduta pessoal; é gentil com as pessoas que lhe são úteis e é grosseira com aquelas que não são; tem uma grande tendência ao tédio; não tem empatia nem mesmo com os filhos; tem acessos de raiva com frequência; tem diversos parceiros amorosos e casou-se várias vezes. Todos esses são traços psicopatas, é verdade, mas também são traços que identificamos nas pessoas famosas e com as quais temos uma relação de amor e ódio com o passar dos anos.

A questão é: será que é preciso ter problemas psicológicos para querer ser uma celebridade ou a fama simplesmente transforma alguns deles em psicopatas? Certamente existem inúmeras histórias de astros famosos que são descritos como "simpáticos e normais" no início da carreira, mas que acabaram enlouquecendo com a pressão implacável para serem perfeitos o tempo todo. Em geral, as drogas são sua válvula de escape – e eles ainda têm de arcar com as consequências do vício. Uma pessoa famosa pode sentir que a vida dela está nas mãos de estranhos – do seu público, que neste momento pode adorá-la, mas que poderia facilmente se voltar contra ela se ela usar a roupa errada, fizer um filme ruim ou se apaixonar por alguém que os fãs desaprovam. Essa pressão acaba com ela. Um estudo realizado nos Estados Unidos com cem astros e estrelas de todas as áreas – entretenimento, esporte, música – revelou que as celebridades têm uma probabilidade quatro vezes maior de cometer suicídio do que o americano comum. Na verdade, o estudo revelou que, em média, as celebridades morrem aos 58 anos de idade, em comparação com os 72 anos que vivem os outros americanos.[50]

Há até a "síndrome de Beckham", um fenômeno assim chamado pelos psicólogos – que descreve as pessoas acometidas por ela, e não o casal Beckham propriamente dito, é claro – para se referir aos que desejam ficar ricos e famosos sem exibir nenhum talento ou sem fazer nenhum esforço. Esse desejo, por si só, beira a psicopatia, com suas metas irrealistas e seu narcisismo.

Da mesma forma, existem histórias de celebridades que agiam como se fossem famosas antes de serem: estudantes de arte dramática que faziam apresentações intermináveis para a família e exigiam um empresário antes mesmo de começar o curso. Mas as histórias prevalentes de celebridades são as dos que revelam abandono na infância: a explicação psicológica mais frequente para o desejo de alcançar a fama é que eles buscam superar uma rejeição traumática na infância. Afinal de contas, como você pode dizer que não é amado quando dezenas de milhares de pessoas que lotam o estádio cantam suas músicas junto com você noite após noite ou aplaudem sua atuação no palco? Pense em Marilyn Monroe e como o fato de ter sido rejeitada pela mãe fez com que ela passasse a vida tentando obter a adoração do público. No entanto, isso nunca a satisfez nem lhe trouxe felicidade.

Tentar avaliar se uma celebridade é psicopata ou tem problemas psicológicos ou se a fama e o tipo de vida que ela proporciona simplesmente são efeitos colaterais do seu talento pode ser tão difícil quanto tentar diferenciar gêmeos idênticos.

Quanto a descobrir se a *sua* celebridade favorita é psicopata... Bem, pode ser. Mas é praticamente impossível ter certeza, a menos que você a conheça muito bem. Um psicopata pode criar uma imagem para enganar e manipular suas vítimas cara a cara. No caso de uma celebridade, é ainda mais fácil fazer com que seu público fiel só conheça o seu lado bom. Afinal de contas, ela tem uma equipe de pessoas que trabalham para criar e proteger sua imagem, que é um patrimônio comercial.

Creio, no entanto, que os verdadeiros psicopatas subclínicos no mundo das celebridades não são tanto os próprios astros, mas, sim, os manipuladores de marionetes que os criam. Principalmente aqueles que controlam os *reality shows* na televisão.

OS SETE SINAIS DA CELEBRIDADE PSICOPATA

Tony Hill iniciou sua carreira na televisão como assistente de produção em um *reality show* de bastante sucesso. Embora sua única tarefa fosse servir cafezinho para a equipe e fazer outras pequenas tarefas, ele ficou imediatamente absorvido pelo trabalho. Recém-saído de um curso de treinamento de mídia, ele ficou empolgado com o fato de fazer parte da equipe de um programa de sucesso. Mais ainda, ficou fascinado com o poder que os produtores exercem sobre os concorrentes, muitas vezes sem que esses percebessem. Tony participou de mais quatro edições do programa, sendo promovido a cada edição até sair, em 2006, para trabalhar na Sleb Productions, uma empresa especializada em desenvolver formatos de *reality shows* para vender em todo o mundo. Ele próprio acabou se tornando uma espécie de celebridade – em parte, porque suas namoradas eram sempre "estrelas" de *reality shows* e, em parte, por ter sido jurado em alguns programas de calouros em que passava a imagem do cara "durão, porém justo" que todo mundo adora odiar.

Quando conheci Tony, ele era produtor-executivo de um novo programa, chamado *Heartbreak Island*, em que um homem e dez mulheres ficam em uma ilha tropical isolada e competem para ver quem vai ser o casal vencedor. No último episódio é realizado o casamento, e o casal recebe um prêmio de 1 milhão de libras. O segredo? Todas as mulheres são ex-namoradas do cara.

Tony vai para lugares exóticos, levando consigo uma equipe selecionada que inclui muitas jovens bonitas como assistentes de produção. Ninguém fica surpreso com o fato de Tony ir várias vezes ao banheiro, sempre com uma delas, durante o longo voo. O que realmente causa estranheza é quando ele leva outra moça para a área Vip do aeroporto enquanto todo mundo está esperando para pegar as malas.

Antes do início das filmagens, Tony tem uma reunião com o diretor, os editores e os cinegrafistas para discutir o roteiro. Esse pode ser um *reality show*, mas Tony esclarece que não vai deixar nada ao acaso. Cada participante desempenhará um "personagem", e o diretor vai providenciar para que eles sejam retratados dessa maneira. (O diretor está um pouco inseguro em relação a essa abordagem, mas é seu primeiro trabalho importante para a emissora – e ele não vai dizer não para nenhuma das sugestões de Tony.) Tem uma periguete, uma vampe, uma ingênua, uma profissional de carreira, e assim por diante. Na verdade,

Tony não conheceu nenhum dos participantes pessoalmente, mas assistiu às gravações dos testes. Além disso, ele sabe que poderá manipulá-los e fazer cortes sem grandes problemas para obter o que quer.

Sinal 1 A convicção de Tony de que ele tem direito de dormir com as moças da equipe, manipular a ética e agir como supremo manipulador de marionetes dos participantes do programa demonstra a importante característica psicopata de grandiosidade.

Para dar o pontapé inicial, Tony faz uma grande festa na véspera das filmagens. Mas enquanto serve ponche sem álcool para o pessoal da equipe, serve quantidades generosas de coquetel com dose tripla de álcool para o personagem central do programa – Mark – e para suas dez ex-namoradas. Tony, então, orienta as assistentes de produção a fazer amizade com as moças durante a festa e lhes contar alguns boatos que ouviram: que Mark gosta de outra ou que uma delas já sacaneou e dormiu com Mark na semana anterior. Tudo mentira, é claro. Isso tem o efeito desejado e, no final da noite, pelo menos quatro das moças, bêbadas, tiveram uma discussão acalorada e Mark agarrou outras duas. Quando as filmagens começam no dia seguinte, todo mundo está com uma forte ressaca e com os nervos à flor da pele.

Só para tornar as coisas ainda mais engraçadas, Tony diz a dois cinegrafistas que terá de despedir um deles, mas ainda não decidiu qual. Em seguida, diverte-se com as tentativas que ambos fazem de suborná-lo para manter o emprego.

Sinal 2 Ao fazê-los "encher a cara" e incitar deliberadamente agressividade e/ou sexo, Tony é imprudente e manipulativo em relação ao bem-estar – mental e físico – da equipe e dos participantes.

Tony precisa de bons números de audiência – ele é o produtor-executivo do programa e quer impressionar a emissora com números seis vezes mais elevados do que os de qualquer outro concorrente. Por coincidência, um de seus antigos colegas está produzindo um *game show* em outro canal, no mesmo horário. Toda semana, Tony fica extasiado quando descobre que seu programa obteve mais pontos de audiência. Para ficar na liderança, ele lança uma campanha publicitária agressiva. Como os participantes estão afastados com segurança do "mundo real", Tony alimenta os jornais e as revistas com histórias sobre eles. Depois de pagar aos "amigos" dos participantes para darem com a língua nos dentes, ele conseguiu alguns detalhes picantes do passado das moças, com fotos e tudo. Além disso, Tony tinha um bom material para trabalhar, extraído das declarações confidenciais dos participantes: ele disse que precisava saber tudo sobre eles, para poder avaliar a saúde psicológica deles para participar do programa. De modo que a moça que tomou uma *overdose*, quando descobriu que seu pai não era seu verdadeiro pai, tem um tremendo choque no final das gravações ao assistir às entrevistas do homem que ela conhecia como pai falando sobre suas tentativas de suicídio.

Sinal 3 Tony exibe uma falta de responsabilidade desumana em relação aos participantes.

Depois de algumas semanas, o tédio se instala e Tony chega à conclusão de que o programa não está suficientemente interessante – é preciso mais ação. Ele chama as mulheres, uma a uma, ao "confessionário". Para uma delas, ele diz que suspeita que Mark seja soropositivo para HIV; para outra, que a avó dela morreu (esse fato não acrescenta nada ao programa, mas ele está louco para ver a reação dela); para outra, ainda, que a imprensa a está chamando de gorda. Para as restantes, ele diz que elas são fabulosas e são as que mais têm probabilidade de ganhar, antes de revelar que uma das outras trapaceou. Obviamente, vocês precisam manter isso entre vocês, diz ele com uma piscadinha. Em seguida, dá ordens aos fornecedores de bebida alcoólica para dobrar a quantidade e espera para ver o circo pegar fogo.

Sinal 4 Assim como a maioria dos psicopatas, Tony tem tendência ao tédio. Ele alivia esse sentimento experimentando fazer jogadas cada vez mais radicais com os participantes.

Durante todo o tempo, Tony dorme com várias assistentes de produção e diz a todas que elas têm "um futuro garantido" na televisão – principalmente se ficarem ao lado dele. Mal sabem elas que, assim que Tony voltar ao Reino Unido, irá apagar o número de telefone delas do celular e elas nunca mais ouvirão falar dele. A equipe entra em pânico quando Tony – de repente e sem se dar o trabalho de informar a alguém – manda os dois cinegrafistas para casa e pede que outros dois sejam enviados de avião. Ele decidiu tirar uma das mulheres no meio da semana simplesmente porque "teve vontade", o que exigiu onerosas mudanças e edições de imagens de última hora. O diretor tem reuniões diárias com Tony, e isso o deixa à beira de um ataque de nervos – um dia, Tony está entusiasmado com o desempenho do programa, no outro, tem um acesso de raiva porque acha que está horrível.

Sinais 5 e 6 As decisões de Tony são tomadas sem nenhum planejamento ou consideração sobre as consequências para a pobre equipe de produção. E é somente graças ao trabalho frenético de toda a equipe que *Heartbreak Island* não se transforma em um constrangedor desastre ao vivo. Os chiliques e as explosões temperamentais de Tony são características dos psicopatas. Logo em seguida, ele se acalma e age como se nada tivesse acontecido.

Quando o programa chega ao fim, o casal vencedor está casado e infeliz. Além disso, ambos descobrem que existem entraves legais para receber o prêmio de 1 milhão de libras – eles vão levar um ano para colocar a mão no dinheiro, e mesmo assim não receberão toda a quantia (as letrinhas miúdas revelam que há dedução de taxas e custos). Duas participantes foram diretamente para um programa de reabilitação de alcoólicos, três assistentes de produção acham que estão tendo um caso exclusivo com Tony e uma está fazendo tratamento para viciados em sexo. As outras participantes são forçadas a se esconder quando voltam para casa e leem as mentiras que estão sendo publicadas sobre elas nos jornais – uma foi acusada de discriminação contra portadores de HIV e acaba saindo do país, pois não consegue suportar as calúnias.

E Tony? Ele ri durante todo o caminho até o banco, onde foi tratar da segunda edição do programa.

Sinal 7 Tony não tem um pingo de remorso ou sentimento de culpa. E por que teria? Nenhum psicopata já pediu desculpas sinceras. Ele toma o avião de volta para casa sem nenhuma preocupação.

ESPELHO, ESPELHO MEU, EXISTE ALGUÉM MAIS NARCISISTA DO QUE EU?

Em um estudo, as celebridades obtiveram pontuação mais alta no Inventário de Personalidade Narcisista (NPI, na sigla em inglês) do que um grupo de controle composto de alunos de MBA ou a população em geral.[51] Revelou-se também que as celebridades do sexo feminino eram significativamente mais narcisistas do que as do sexo masculino. Na população em geral, ocorre o oposto.

Dessas celebridades, as mais narcisistas eram as estrelas de *reality shows* (comediantes, atores e músicos, nessa ordem). Aquelas, possivelmente, que acreditam que devem ser famosas só por "serem elas mesmas".

Os autores do estudo descobriram também que até mesmo anos de experiência no setor de entretenimento não tinha nenhum efeito sobre a pontuação do Inventário de Personalidade Narcisista. Isso indica que as celebridades têm tendências narcisistas antes de ficarem famosas.

A EXPERIÊNCIA NO PRESÍDIO DE STANFORD – UM MODELO PARA OS *REALITY SHOWS*?

Em 1971, foi realizado um experimento para estudar os efeitos psicológicos do fato de se tornar prisioneiro ou agente penitenciário. Os pesquisadores queriam saber se os problemas que ocorriam nos presídios eram consequência da própria situação (ou seja, do fato de estar na prisão) ou da personalidade dos agentes penitenciários. Os resultados obtidos e as conclusões tiradas são objetos de bastante controvérsia, mas existem algumas semelhanças com a estrutura dos *reality shows* televisivos.

O experimento foi conduzido pelo dr. Phillip Zimbardo, professor de psicologia da Stanford University, nos Estados Unidos. Setenta e cinco estudantes universitários do sexo masculino se candidataram para participar do programa, dos quais 24 foram selecionados (eles foram considerados os mais estáveis psicologicamente). Alguns deles foram designados aleatoriamente como "agentes penitenciários", e o restante, como "detentos". Os detentos receberam números, em vez de nomes, e usavam roupas desconfortáveis e correntes ao redor dos tornozelos. Os agentes penitenciários usavam uniforme cáqui, óculos escuros espelhados e cassetete na cintura.

Zimbardo disse aos agentes penitenciários que eles deveriam instilar nos prisioneiros um sentimento de tédio, "algum grau" de medo, a sensação de que suas vidas eram controladas pelos agentes e de que não tinham privacidade. "Ou seja, nessa situação, nós teremos todo o poder e eles não terão nenhum."

O experimento deveria durar duas semanas, mas foi interrompido abruptamente depois de apenas seis dias. Um terço dos agentes penitenciários exibiu tendências genuinamente "sádicas". Os prisioneiros sofreram e aceitaram esse tratamento brutal e essa humilhação. Os agentes penitenciários retiravam seus colchões, e eles tinham de dormir no chão de concreto; alguns eram deixados nus como castigo; um foi trancafiado num armário que serviu de "solitária". O próprio Zimbardo ficou excessivamente envolvido pela situação extrema, e quando sua namorada o visitou no sexto dia, ela se queixou de que as coisas tinham ido longe demais. Nenhuma outra pessoa presente tinha sido capaz de perceber isso.

Os pesquisadores concluíram que o comportamento dos agentes penitenciários e dos detentos foi causado pela *situação*, e não por um traço da sua personalidade. Isso indica que até mesmo as pessoas mais afáveis podiam se transformar em agentes penitenciários sádicos, dependendo das circunstâncias.

No entanto, desde então, essa conclusão tem sido questionada. Hoje não seria eticamente aceitável repetir esse experimento exatamente do modo como ele foi feito, mas pesquisas semelhantes não produziram os mesmos resultados. Entretanto, embora o experimento do presídio de Stanford tenha sido universalmente condenado e jamais deva ser repetido, será que sou só eu ou todos nós temos visto coisas bastante semelhantes na TV?

> **OS DEZ PRINCIPAIS PSICOPATAS DO CINEMA**
>
> Robert Carlyle como Begbie em *Trainspotting – Sem Limites*
> Joe Pesci como Tommy DeVito em *Os Bons Companheiros*
> Anthony Hopkins como Hannibal Lecter em *O Silêncio dos Inocentes*
> Jack Nicholson como Jack Torrance em *O Iluminado*
> Christian Bale como Patrick Bateman em *Psicopata Americano*
> Kathy Bates como Annie Wilkes em *Louca Obsessão*
> Renee Zellweger como Roxie Hart em *Chicago*
> Robert Mitchum como Max Cady em *Círculo do Medo*
> Bette Davis como Baby Jane Hudson em *O que terá acontecido a Baby Jane?*
> Glenn Close como Alex Forrest em *Atração Fatal*

SIMON COWELL – PERPETRADOR DE UMA SOCIEDADE PSICOPATA?

Vamos deixar uma coisa bem clara: não estou chamando Simon Cowell de psicopata (embora aparentemente ele se chame assim – sua empresa chama-se SyCo: jogo de palavras ou blefe duplo?). Não, o que tenho contra Cowell é o fato de seus programas de TV – *The X Factor* e *Britain's Got Talent* (ambos com versão americana) – contribuírem para o desenvolvimento de uma sociedade psicopata; uma sociedade que apoia os traços psicopatas ao estimular demonstrações superficiais de emoção, a busca de riqueza e glória e a competição, que podem ser alcançadas tanto por manipulação como por talento. Um artigo recente de David Wilson, professor universitário, atacou as maquinações que estão por trás de *The X Factor*, em que pessoas "comuns" disputam um contrato no valor de 1 milhão de libras com uma gravadora.[52] O argumento de Wilson é que a ideia de que um programa como esse retrata algum tipo de "realidade" atualmente é uma mentira: "O programa descambou para um espetáculo de marionetes grotesco, com Cowell no papel de marionetista, que manipula as cordas dos concorrentes e do coração dos espectadores."

Wilson tem condições de identificar o problema. Durante um breve período, ele trabalhou como consultor do *Big Brother* e traça paralelos com o cancelamento do programa depois que ele se transformou em "uma paródia de si mesmo".

Cowell é acusado de criar uma atmosfera de histerismo, em que os concorrentes têm de desempenhar "papéis": os vilões, as vítimas azaradas, e assim por diante. Na verdade, os concorrentes exibem "um grau absurdo de autoconsideração histriônica", diz Wilson, "como quando ouvimos um jovem de 17 anos de idade dizer: 'Batalhei por isso a vida toda'", como se estivesse se preparando para o desembarque na Normandia no dia D.

Cowell, obviamente, não é o único a usar as maquinações de programas como esse. Mas é o mais visível, e é a curiosidade do seu desejo de ser famoso e fazer com que outros alcancem a fama – em outras palavras, fazer tudo o que ele puder para estimular características psicopatas na sociedade – que o fez merecer a atenção que lhe dei aqui.

A INFLUÊNCIA DAS CELEBRIDADES SOBRE MENTES JOVENS

Os dados estatísticos apresentados a seguir foram selecionados pelo site www.pinkstinks.co.uk como parte da sua campanha de combate à obsessão da mídia por mulheres ricas, famosas e magras e, consequentemente, apresentadas à geração mais nova como modelos de comportamento.

- Trinta e cinco por cento das meninas elegeram Victoria Beckham como a celebridade de maior influência, seguida por Leona Lewis,

> com 32%, e Kate Moss e Amy Winehouse em terceiro e quarto lugares.[53]
> - Trinta e sete por cento dos professores disseram que os alunos queriam ser famosos apenas para serem famosos.
> - Mais de 70% dos professores achavam que a cultura da celebridade está pervertendo as aspirações e expectativas das crianças e produzindo uma geração que não acredita que seja preciso estudar e trabalhar com afinco para obter sucesso financeiro.
> - Quarenta e quatro por cento disse que os alunos tentavam imitar o visual e o comportamento de seus ídolos, sendo que 32% se miravam em Paris Hilton.[54]

A ÉTICA DOS PRODUTORES DE *REALITY SHOWS*

Richard Crew é um ex-produtor de documentários de Los Angeles que fechou sua empresa de produção para tornar-se um estudioso da mídia. Durante seus estudos, ele decidiu analisar os *game shows* e programas de namoro, e entrevistou ex-empregados e produtores para saber que princípios éticos os produtores usam ao criar *reality shows*.[55]

Suas perguntas foram estruturadas com base em preocupações éticas que ele considerava importantes nos *reality shows*: que os participantes amadores sejam tratados "de maneira justa e responsável" e que as histórias e experiências de cidadãos comuns sejam apresentadas "de maneira ética".

Crew salienta que o fato de não observar esses aspectos traz graves consequências, sobretudo no caso de participantes com problemas psicológicos. Em 1997, o primeiro eliminado de *Expedition Robinson*, *reality show* sueco que serviu de inspiração para *Survivor*, versão americana do programa "No Limite", jogou-se debaixo de um trem.

Crew descobriu no decorrer de sua pesquisa que, embora os produtores executivos dissessem que medidas necessárias seriam cuidadosamente tomadas para assegurar um tratamento justo e responsável para com os participantes, "quando falei com o pessoal de produção abaixo do nível do produtor executivo, ouvi uma história totalmente diferente".

Um supervisor de produção e um redator disseram que não tinham recebido nenhuma orientação ética. Em vez disso, foram orientados a "criar histórias para entreter os telespectadores". Segundo eles, essa pressão era feita por parte da emissora; "especificamente, representantes da emissora insistem que os participantes dos *reality shows* sejam 'escalados' no papel de personagens que, juntos, gerem conflito".

Crew descobriu também que é comum a distribuição livre de bebidas alcoólicas, "afetando consideravelmente" o comportamento dos participantes. Um produtor admitiu que muitas partes com fala arrastada caracterizando embriaguez eram cortadas. Os produtores também podem intensificar desentendimentos durante o processo de edição; um redator disse que essa trucagem era necessária, porque "os participantes nem sempre demonstram para as câmeras como eles realmente se sentem". Há também uma técnica de edição conhecida como "Frankenstein", considerada aceitável "quando mostra os pontos de vista do personagem". Nessa técnica, as palavras ditas por um participante em dias diferentes são criativamente editadas de modo a dar a impressão de que fazem parte de uma mesma cena.

Crew concluiu que existem padrões éticos para proteger o bem-estar psicológico dos participantes. "Mas como os produtores têm de tomar um número infindável de decisões durante o processo de produção, é espantoso que trabalhem na maior parte do tempo sem orientação ética de seus superiores." As emissoras querem entretenimento, "portanto, é possível que os padrões éticos de um indivíduo sejam suplantados por considerações pragmáticas, como estimular os telespectadores e atingir altos índices de audiência".

RESUMO E RECOMENDAÇÕES

A pergunta que analisamos neste capítulo nos leva a refletir se é possível distinguir uma celebridade psicopata de uma celebridade "normal". Ambas costumam ter delírios de grandeza, ego exacerbado e determinação ferrenha de vencer, além de acharem que são o centro do mundo. Sem conhecer melhor a pessoa, é impossível dizer.

Pelo menos enquanto sua celebridade preferida estiver a uma distância segura, não há perigo imediato, mesmo que ela seja psicopata.

As celebridades mais narcisistas são os astros e as estrelas de *reality shows*. Mas será que "esses astros e essas estrelas" não são meros brinquedos nas mãos dos marionetistas? Será que eles realmente beiram as raias da psicopatia ou apenas são retratados assim? O público está ficando cada vez mais imune à televisão "chocante", e as emissoras estão tendo de se esforçar mais para criar programas com conflitos ou dramas reais na tentativa de ganhar a guerra pela audiência; isso significa que os participantes desses programas estão sujeitos a manipulações cada vez mais acintosas.

Talvez haja outra ameaça à espreita, na medida em que as celebridades são cada vez mais reverenciadas na sociedade atual; sua influência como modelo de comportamento pode não apenas criar pequenos monstros que acompanham cada um de seus movimentos, mas também contribuir para incentivar valores e comportamentos cada vez mais psicopáticos na sociedade em geral. Nesse tipo de sociedade, o narcisismo é visto como normal, as emoções são expressas de modo exagerado sempre que alguém sofre o menor revés e as pessoas são usadas e abusadas simplesmente como um meio para se atingir um fim. O psicólogo Oliver James postula algo semelhante em seu livro *Affluenza*, no qual ele afirma que o que chama de capitalismo egoísta é um tipo de doença viral que está se disseminando pelos países ricos.[56] Nesses países, as pessoas se definem por sua riqueza e por outros valores superficiais – o quanto elas são bonitas e famosas e até que ponto podem exibir esses "atributos".

Para combater isso, ele recomenda que tentemos olhar "para dentro de nós mesmos", e não "para fora", assistir menos televisão, participar mais ativamente do núcleo familiar e não encarar a vida como uma competição. São coisas simples, mas acho que funcionam. A melhor maneira de se defender de um psicopata é analisando constantemente os próprios valores: se alguém estiver tentando convencer você a se desviar de seus princípios ou até mesmo a transgredi-los, então ele não é a pessoa certa para fazer parte da sua vida. Mesmo que não esteja na televisão.

10

VOCÊ É PSICOPATA?

A boa-nova é que, por definição, se você acha que é psicopata, é praticamente certo que não seja. No entanto, há momentos na vida de todos nós em que somos levados a ter um comportamento psicopata, a nos tornar o que chamamos de "psicopata situacional". Pode ser que alguém tenha sofrido *bullying* na escola e seja movido por um desejo extremo de vingança. Ou talvez tenha sido desprezado pela pessoa amada e queira que ela sinta a mesma dor que causou. Nesses casos, podemos sentir a crueldade implacável de um psicopata.

Mas para ser um psicopata de verdade é preciso ter traços psicopáticos permanentes que se manifestem em todas as ocasiões e em todos os contextos. O comportamento psicopata não é desencadeado por um acontecimento em particular, e os psicopatas não ficam pesarosos nem envergonhados pelos atos que praticaram.

Quando penso nos meses que antecederam o dia do meu casamento, tenho vontade de chorar de vergonha. Para ser honesto, nem sei como consegui suportar – a moça por quem me apaixonei e que pedi em casamento desapareceu em algum ponto entre o pedido de casamento e a lua de mel. Quando estávamos no avião de volta para casa, ela voltou a ser o que era antes, embora eu tenha ficado bastante assustado. Acho que ela mesma se sente envergonhada, mas nós não conversamos sobre essa época terrível – prefiro não me lembrar do que ela é capaz.

Tudo começou a partir do momento em que tentamos marcar uma data do casamento. Ela já tinha três locais em mente – o que foi novidade para mim, pois estávamos namorando havia apenas um ano e nenhum dos dois tinha falado em casamento antes – e, em todos esses locais, só haveria disponibilidade dali a seis meses. Então, ela telefonou para um deles e disse que o pai havia tido um infarto fazia pouco tempo e que, a menos que o casamento fosse em breve, ela receava que ele não pudesse conduzi-la ao altar. O que era uma meia-verdade – ele havia tido uma ameaça de infarto, mas com certeza ninguém falara nada sobre ele ter apenas alguns meses de vida. De qualquer modo, ela contou uma história muito triste e acabou conseguindo uma tarde de sexta-feira, o que era nossa melhor alternativa.

Na hora de fazer a lista de convidados, ela disse que eu não podia convidar alguns dos meus amigos e nem mesmo alguns familiares, porque havia um limite de número de pessoas. Mas havia espaço para 250 convidados – sei que ela achou que alguns dos meus amigos poderiam beber demais e arrumar alguma briga ou algo do gênero, embora dificilmente isso acontecesse.

Com as damas de honra, ela foi terrível. Ela disse que uma delas precisava perder doze quilos antes do casamento e que outra teria de pintar os cabelos de louro. Ela escolheu vestidos caros para as duas, mas que ficavam horríveis nelas – desse modo, ela pareceria mais bonita. O supremo desaforo? Ela insistiu para que as próprias damas de honra pagassem os vestidos como presente de casamento.

Escolher o vestido dos seus sonhos foi, inevitavelmente, um pesadelo – até eu comecei a acordar no meio da noite, encharcado de suor, pensando na renda chantilly francesa e nos botões de pérola. As romarias a lojas especializadas e costureiras não tinham fim, havia pilhas de revistas de noivas espalhadas por todos os cantos da sala e sua mãe parecia estar permanentemente em pânico. Pelo menos quatro vezes ela afirmou que finalmente havia se decidido por um modelo; os pais pagavam o material e a costureira e, depois de duas ou três provas, ela mudava de ideia e dizia aos prantos que tinha de escolher outro.

Fomos a uma loja de departamento finíssima para registrar a nossa lista de presentes. Tive de ir embora quando a lista ainda estava na metade, depois de quebrarmos o maior pau. Ela não escolhia nada que custasse menos de 100 *libras, e a maioria dos objetos selecionados custava por volta de 250 libras. Ela chegou a escolher alguns itens que custavam alguns milhares de libras, dizendo que eu tinha alguns parentes ricos que podiam "enfiar a mão no bolso". Naturalmente, esses estavam entre os poucos convidados do meu lado, apesar de não serem muito chegados. Curiosamente, alguns meses antes do casamento, eles passaram a ser convidados para jantares íntimos. Ela fez até insinuações de que, quando tivéssemos um filho, eles seriam convidados para padrinhos. Tenho certeza de que eles devem ter achado isso tudo muito estranho – um ano antes, mal sabíamos o nome deles.*

Quando ela descobriu que a data da festa de despedida de solteira de uma amiga era próxima da sua, teve um ataque histérico e não sossegou enquanto não mudou a data. Ela ainda espalhou o boato de que o noivo da amiga a estava traindo: ela queria que o casamento deles fosse cancelado, para que não precisasse dividir nenhuma das atenções. Por sorte, a moça era inteligente e sua manobra não funcionou.

Ela também definiu a maior parte dos detalhes da sua despedida de solteira, inclusive a quantia com que cada pessoa devia contribuir. Ela disse que queria um álbum cheio de fotos e mensagens de amigas que nem sequer tinham sido convidadas para o casamento. Quando uma disse que não poderia comparecer à festa de despedida de solteira porque estava grávida e a data era muito próxima do dia do nascimento do bebê, ela ficou uma hora insistindo com a moça no telefone, até ela concordar em ir.

Na noite anterior ao casamento, tivemos um ensaio, e por pouco não desisti de tudo. Ela gritava com as damas de honra, dizendo que elas "não estavam andando direito" e que iam arruinar o "seu" casamento. Ela gritou até com o pai, porque ele não estava usando a gravata certa para o jantar de família daquela noite.

Em nenhum momento ela perguntou o que eu gostaria no meu casamento – nem o local, nem o bufê, nem as flores, nem a música. Eu sei que esse é um dia importante para a noiva – mas é um pouco meu também, não?

No final, o dia do casamento não foi tão ruim. Ela estava um pouco histérica durante a sessão de fotos – levou três horas para registrar todas as poses que ela queria, e a maquiagem e o cabelo eram retocados o tempo todo. Enquanto dançávamos a primeira música, ela sussurrava no meu ouvido: não palavras de amor, mas instruções sobre os passos da dança.

Quando ela jogou o buquê – é claro que já estava combinado quem ia apanhá-lo –, eu ria como um imbecil. Eu estava me sentindo bastante aliviado por estar tudo terminado e podermos voltar ao normal.

John, 32 anos, recém-casado

A noiva da nossa história certamente é forte candidata ao título de "noivazilla" – ou seja, uma noiva neurótica –, e ela está longe de ser a única. Casamentos podem ser ocasiões estressantes e representam um bom exemplo de quando você tem uma grande probabilidade de se tornar uma "psicopata situacional", estressada por causa das várias providências que tem de tomar. Sem falar que você investiu alto em um bom resultado. Mas embora o comportamento da nossa noiva esteja no limite, ela não é psicopata.

A palavra psicopata virou chavão para qualquer comportamento agressivo ou bizarro que não compreendemos. Quem entre nós nunca comentou sobre um "chefe psicopata" ou um "ex que era psicopata"? Até mesmo os cidadãos mais bem-comportados entre nós já contaram uma ou outra mentira ou transgrediram regras para satisfazer a interesses pessoais. Dependendo das circunstâncias, qualquer um de nós pode agir temporariamente como psicopata – mas está muito longe de *ser* psicopata. Para ser psicopata é preciso realmente ser muito, muito mau.

Mas como é ser um psicopata de verdade? Será que eles se importam de ser chamados assim? Conheci alguns que estavam muito felizes com o rótulo, orgulhosos por serem, de certa maneira, um tanto "especiais". Um ou outro ficou indignado – aqueles que negam peremptoriamente tudo o que já fizeram. Sem entender a própria condição, eles não assumem nenhuma responsabilidade pelos próprios atos, a ponto de negar terminantemente mesmo quando existem provas claras do seu comportamento. "Eu não estava lá", dirão eles. "Não fui eu, chefe", é o refrão.

A maioria dos psicopatas diagnosticados parece achar isso fascinante, e eles chegam a pesquisar sobre o assunto. Mas a resposta emocional deles não é a que esperaríamos; eles não dão a mínima para as conotações negativas associadas ao termo. A maior parte dos psicopatas não entende muito seu problema: eles sempre foram assim e, portanto, presumem que todo mundo é igual. Nós entendemos – e é por isso que a sociedade tem dificuldade de lidar com psicopatas. Nós simplesmente não conseguimos compreender ou acreditar que existam seres humanos que não sentem amor, compaixão ou culpa.

Conheci um ou dois psicopatas que finalmente entenderam que as outras pessoas acham que eles são "esquisitos". Mas, mesmo assim, não se importam, até que isso os impeça de obter o que querem (geralmente, liberdade condicional). Uma vez, perguntei a um famoso psicólogo e conferencista se ele achava que era psicopata. Ele abriu um sorriso e respondeu: "Acho que sim... Todo mundo me pergunta isso."

A boa notícia para todos os que convivem com psicopatas é que as condutas mais contraventoras e agressivas deles tendem a diminuir por volta dos 40 anos de idade.[57] A boa notícia para eles é que, embora não sejam o que poderíamos chamar de criaturas felizes, eles não costumam sofrer de ansiedade nem de depressão. Na verdade, como um psicopata, você pode até mesmo ser uma das pessoas mais bem-sucedidas do mundo – um político proeminente, talvez, ou o CEO de um banco. Ou – quem sabe? – um líder religioso.

A má notícia para os psicopatas é que eles costumam ser altamente destrutivos. Eles sabotam a si mesmos quase tanto quanto sabotam as pessoas à sua volta, a menos que estejam entre os mais "afortunados" que são capazes de se controlar e se mascarar, encontrando papéis na sociedade nos quais seus traços psicopatas representam uma vantagem.

OS SETE SINAIS QUE INDICAM QUE VOCÊ É PSICOPATA

Como vimos ao longo de todo o livro, não existe esse negócio de psicopata típico: tem psicopata de tudo quanto é jeito. No entanto, talvez seja bom olhar o "cara comum" – que tem um passado comum, mas que é excepcionalmente frio.

Barry pertence a uma família simples, da classe operária, que vivia sem luxos. Os pais faziam o melhor que podiam, mas desde os 10 anos de idade ele matava aulas. Barry começou a andar com más companhias e, em pouco tempo, estava cheirando cola, bebendo e praticando atos de vandalismo. Ele chegou a passar um curto período em uma instituição para menores, quando os pais perderam todo o controle sobre o filho. Tudo o que Barry se lembra dessa época é de que os pais ficavam atormentados com seu mau comportamento.

Sinal 1 Barry teve a mesma criação que tiveram centenas de milhares de outras crianças. Os pais faziam tudo o que podiam para cuidar bem dele. No entanto, desde pequeno, ele apresentou graves problemas de comportamento, típicos de um psicopata.

Mesmo depois de adulto, a vida de Barry continua sem rumo. Ele trabalha em alguns bares, mas é despedido da maioria dos empregos depois de uma ou duas semanas por faltar ao serviço. Barry não quer gastar o pouco dinheiro que tem com aluguel e nem acha que deve, quando outra pessoa pode muito bem fazer isso. Desse modo, ele dorme no sofá da casa dos amigos, pulando de galho em galho. Às vezes, comete pequenos delitos, como roubar dinheiro do amigo que o acolheu ou garrafas de vodca da loja de conveniência do bairro.

Sinal 2 Psicopatas não têm objetivos – eles pulam de uma atividade para outra, fazendo qualquer coisa para sobreviver, seja ela legal ou não, moral ou não.

Barry faz amigos rapidamente, mas de uma hora para outra eles são descartados, sem que saibam por quê. Na verdade, ele não consegue fazer distinção entre amigos e conhecidos – para ele é tudo a mesma coisa. Ele não mantém contato com as pessoas que o ajudam e não entende por que elas não parecem contentes em vê-lo quando ele bate na porta delas às três da manhã depois de quatro anos.

Ele não tem uma namorada fixa. Quando consegue arrumar uma, não dura muito tempo. "Não consigo entender que raios as mulheres querem", resmunga ele. Barry também não entende por que elas não aceitam transar com ele em troca de cigarro e cerveja.

Sinal 3 O charme de Barry é suficiente apenas para fazer amigos, mas não para conservar uma amizade. Com sua instabilidade emocional e sua falta de empatia, ele não consegue compreender as outras pessoas que, para ele, estão lá apenas para servir aos seus propósitos.

Barry está sempre rompendo relações, discutindo ou entrando em algum tipo de atrito com os outros. Todo mundo sabe que ele se ofende à toa e que explode por qualquer coisa. Naturalmente, muita gente aprendeu a atravessar a rua ao vê-lo se aproximar ou guarda ressentimento dele desde a última vez em que o viu. Barry perdeu a paciência com essas pessoas. Mas, obviamente, a culpa nunca é dele. Na verdade, ele não consegue entender por que o mundo é tão cruel com ele. Ele acha que deve ser muito azarado.

Sinal 4 Os psicopatas não fazem nenhuma ligação entre os próprios atos e suas consequências; eles não têm a menor capacidade de assumir responsabilidades. Mais do que isso, tudo de ruim que lhes acontece é visto como "má sorte". Os psicopatas, portanto, muitas vezes sentem-se desgostosos consigo mesmos.

Certa noite, Barry resolve que está farto. Ele acha que o mundo lhe deve algo e vai tomar o que é seu por direito. Primeiro, rouba um cartão de crédito da carteira do amigo em cujo sofá está dormindo esta semana e usa para tentar a sorte em um *site* de apostas *on-line*. Depois de perder centenas de libras no cartão, rouba o dinheiro que ele sabe que fica escondido numa lata no armário da cozinha, as economias do seu anfitrião para as férias de meio do ano.

O dinheiro é gasto numa longa tarde no bar e em uma rápida escapada a um bordel das redondezas. Mais tarde, Barry está andando pela rua quando vê um mendigo pedindo esmolas. Ele chuta a barriga do mendigo. Uma mulher que passava pelo local grita com ele e ameaça chamar a polícia. Ele olha para a mulher, dá de ombros e continua andando.

Ao chegar a casa, encontra o amigo desesperado, procurando o dinheiro que tinha sumido. Barry lhe diz que a ex-namorada dele deve ter pegado – porque ela havia passado lá mais cedo (obviamente, não era verdade). Antes que o amigo possa descobrir sua mentira, Barry vai embora.

Sinal 5 Apesar de o amigo ter lhe dado um lugar para ficar, Barry não tem respeito pelos sentimentos dele, e muito menos pelo dinheiro dele. Chutar o mendigo e acusar a ex-namorada do rapaz pelo roubo são apenas alguns indícios da total falta de consideração de Barry pelos outros.

Barry não sente o menor arrependimento em relação ao seu comportamento desprezível e extremamente imoral. Ele acha a reação das pessoas, como a da mulher na rua, intrigante, mas também um tanto interessante. Há uma cena no filme *Malícia*, estrelado por Nicole Kidman, em que ela observa uma mãe angustiada com os ferimentos do filho e vai para casa praticar, diante do espelho, as mesmas expressões tristes. É exatamente assim que Barry se sente.

Sinal 6 Os psicopatas não sentem remorso pelas maldades que cometem. Eles têm tão pouco sentimento, na verdade, que ficam fascinados com as emoções que veem nas outras pessoas. Pense em como você se sente quando assiste a um programa sobre animais selvagens: é muito semelhante ao que um psicopata sente quando observa você.

Quando fica cada vez mais óbvio para as pessoas que convivem com Barry que ele simplesmente não entende seus semelhantes, que não sente aquilo que exprime, ele começa a ser chamado de "psicopata". Ele acha isso interessante também. Pesquisa um pouco sobre o assunto, pensando que talvez isso possa explicar por que o mundo é tão implacável (ele sempre se sentiu diferente... seria bom ser alguém especial). Quando – inevitavelmente – acaba preso por fraude, Barry pede para ver o psicólogo do presídio. Ele quer discutir sobre suas "necessidades especiais" como psicopata. O psicólogo é profissional e está atento, mas acha Barry excepcionalmente persuasivo. Em pouco tempo, providencia para que Barry tenha privilégios no sistema carcerário – como aulas de mecânica de automóveis e direito a visitas extras. Assim como muitos psicopatas antes dele, Barry terá uma vasta e extensa ficha criminal. Ele vai passar o resto dos seus dias entrando e saindo da prisão e em casas de albergados.

Sinal 7 Apesar de Barry ser reconhecidamente um criminoso, o psicólogo se deixa levar por seu charme manipulativo. Certamente ele não é o primeiro – até Robert Hare foi ludibriado por um preso[58] – e não será o último. A manipulação é a arte de sobrevivência dos psicopatas; portanto, não admira nem um pouco que eles sejam bastante talentosos nessa arte.

O JUSTICEIRO QUE "PRENDIA" ADOLESCENTES

Em setembro de 2010, o jornal britânico *Daily Telegraph* publicou a história de Anthony Sacks, um rapaz de 20 anos de idade que ficou tão cansado da vadiagem de jovens até tarde da noite no seu bairro que comprou um uniforme de policial, um par de algemas e um rádio móvel usado por policiais e fingia estar fazendo a ronda.

Durante dois meses, algemou e deteve várias crianças com base em "acusações" como a de "não terem idade para fumar" e "ficarem fora de casa até tarde da noite". Ele levou um garoto de 14 anos para casa e deu um sermão de uma hora na mãe sobre os perigos do fumo. Aos pais de outro garoto, de 15 anos, advertiu sobre o fato de o filho ficar na rua até tarde da noite. Em outra ocasião, Sacks algemou um menino por "vadiagem" e ordenou que ele entrasse em seu carro; o menino foi solto depois que gritou para chamar um conhecido. Ele também colocou luzes giratórias de emergência em seu carro e usou-as para fazer um motorista de 17 anos parar.

No final, a mãe de um dos "suspeitos" ficou desconfiada e pediu a sua identificação. No tribunal de Manchester, Sacks declarou-se culpado dos crimes de cárcere privado, sequestro e fraude. Ele foi preso com base no *Mental Health Act* – legislação britânica que trata dos indivíduos com transtornos mentais –, depois que um psiquiatra disse que ele sofria de um transtorno de personalidade.

Sacks parece ser um "psicopata situacional", levado a medidas extremas por jovens antissociais, embora seu diagnóstico indique que seu estranho comportamento seja parte de uma disfunção mais persistente. É razoável supor que pelo menos uma de suas vítimas possa ter se referido a ele como "psicopata". Desconfio de que Sacks tenha Transtorno da Personalidade Obsessivo-Compulsiva (cujas principais características são preocupação com organização, perfeccionismo e controle mental e interpessoal) com uma boa dose de grandiosidade. É mais provável também que um psicopata faça parte da turma que recebe notificação judicial por comportamento antissocial (ASBO) do que se torne um policial. Eu contei essa história aqui como um exemplo: nem todo mundo com comportamento grandioso e bizarro é necessariamente psicopata.

CONFUNDINDO PSICOPATIA COM AUTISMO

Autismo é um transtorno global de desenvolvimento, uma incapacidade permanente que afeta a compreensão social e a capacidade de se comunicar do indivíduo. Assim como a psicopatia, o autismo é um quadro "oculto" e mal diagnosticado. Porém, é excepcionalmente prevalente: segundo estimativas da National Autistic Society [Sociedade Nacional de Autismo], do Reino Unido, uma em cada cem pessoas sofre desse transtorno (a mesma prevalência de psicopatia).

Os portadores de autismo, principalmente das formas mais leves, podem ser injustamente confundidos com psicopatas. É possível dizer que autistas e psicopatas são semelhantes: afinal de contas, ambos parecem indiferentes, não têm empatia com os sentimentos alheios e não se deixam intimidar pelas regras sociais normais. Mas, enquanto os autistas tendem ao isolamento social (o termo autismo origina-se do termo grego para "de si mesmo" ou "sozinho"), os psicopatas aprendem a atrair e a fascinar as pessoas. Nesse sentido, eles estão em extremidades totalmente opostas do espectro disfuncional.

Tanto o autismo como a psicopatia foram associados a anormalidades no funcionamento do corpo amigdaloide, ou amígdala.[59] Corpo amigdaloide é uma estrutura em forma de amêndoa, com cerca de 2,5 centímetros de comprimento, localizada no lobo temporal, próximo a cada orelha. Apesar de pequena, é "importantíssima na regulação das emoções e nos comportamentos regulados pelas emoções".[60] Algumas de suas funções são ajudar a aprender com as consequências dos próprios atos e a reconhecer expressões faciais. Mas, embora a mesma área do cérebro seja afetada tanto nos autistas como nos psicopatas, o tipo de comprometimento parece ser muito diferente.

Sabemos que os psicopatas são incapazes de aprender com a punição e de "ler" algumas expressões faciais, mas, quando veem uma

> série de fotografias de rostos, conseguem avaliar o grau de confiabilidade da pessoa.[61] Com os autistas ocorre o oposto: eles conseguem aprender com punição e recompensa, mas não conseguem distinguir fisionomias confiáveis de não confiáveis.[62]

PSICOPATIA E ANSIEDADE

Hervey Cleckley notou "ausência de nervosismo" nos psicopatas que ele estudou.[63] De modo geral, os psicopatas têm níveis reduzidos de ansiedade,[64] sobretudo aqueles que apresentam mais traços de personalidade psicopática – o tipo que está sendo bastante analisado neste livro – do que características de estilo de vida.[65]

Quando um psicopata relata ansiedade, não fica muito claro o que ele realmente está sentido, pois todas as emoções parecem ter um significado distinto e ser vivenciadas de maneira diferente por ele. Não porque eles não tenham nenhuma emoção; mas acredita-se que tenham "protoemoções".[66] Protoemoções são reações superficiais, rápidas e passageiras a circunstâncias imediatas. Os psicopatas não costumam se preocupar ou até mesmo "ruminar" um problema por muito tempo. Deve ser realmente muito bom.

Um dos fatores que nos impedem de ter um comportamento ilegal ou imoral – e que pode ser considerado um elemento importante da nossa consciência – é a ansiedade. Os psicopatas não têm esse problema e, portanto, não ficam apreensivos quando fazem alguma maldade.

PSICOPATIA E ABUSO DE DROGAS

Os psicopatas têm uma probabilidade muito maior de preencher os critérios diagnósticos de dependência de álcool e drogas (principalmente no caso de uso de vários tipos de drogas).

Isso é mais comum em psicopatas que têm um estilo de vida caótico; portanto, os psicopatas que conseguem se enturmar não apresentam tanta tendência a ter transtornos relacionados ao consumo de drogas (embora não tenham nada contra um comprimido ou uma cheiradinha de vez em quando para se divertir ou sentir fortes emoções).[67]

O fator mais preocupante é que os psicopatas usuários de drogas têm maior propensão a correr o risco de compartilhar agulhas.[68]

TESTE: ATÉ QUE PONTO VOCÊ É PSICOPATA?

1. **Você está em uma fila e alguém passa na sua frente. Como você reage?**

    A) Faz uma expressão de desagrado, mas não fala nada.
    B) Agarra a pessoa pelo cangote e lhe diz para cair fora.
    C) Começa a papear com ela como se vocês fossem amigos que há muito tempo não se viam.

2. **Você acha que a situação do país estaria melhor se você fosse presidente?**

    A) Talvez.
    B) Sim.
    C) Não.

3. **Disseram-lhe que você receberá um choque elétrico se comer outro biscoito de chocolate. Como você se sente?**

    A) Um pouco amedrontado – e decide que não vai pegar outro.
    B) Não sente absolutamente nada e tenta pegar dois biscoitos dessa vez.
    C) Completamente aterrorizado – e senta-se sobre as mãos.

4. Você vai ao enterro de um adolescente que morreu num acidente de carro. Como você se sente?

   A) Muito triste pelos familiares e amigos do menino.
   B) Fascinado pelas reações de todos os que estão presentes – você analisa atentamente a fisionomia deles para praticar quando chegar em casa.
   C) Profundamente triste – você é o último a ir embora, e deixa a igreja soluçando.

5. Sua atitude em relação às drogas é:

   A) Tanto faz, você pode usar ou não.
   B) Experimentar qualquer coisa pelo menos uma vez – uma vez por semana.
   C) Drogas são extremamente perigosas e causam dependência – você nem chegaria perto.

6. É seu primeiro aniversário de casamento. Como você decide comemorar a ocasião?

   A) Você planeja um fim de semana na cidade europeia em que passaram a lua de mel.
   B) Você se esquece da data e passa a noite com sua amante.
   C) Você reserva a igreja para renovar seus votos.

7. Você já cometeu algum crime na adolescência?

   A) Na verdade, não. Talvez tenha roubado alguns doces da loja da esquina.

B) Está brincando? Os policiais do bairro tinham advertido você tantas vezes que já o conheciam pelo nome.

C) Está brincando? Você era monitor na escola – tinha de dar o exemplo.

8. **Você foi convocado para fazer uma apresentação no trabalho no dia seguinte. Sua atitude seria:**

A) Reunir a equipe e pedir que todo mundo ajude a preparar a apresentação.

B) Mandar seu assistente preparar a apresentação e, depois, sair para um longo intervalo de almoço.

C) Ficar acordado até tarde, bebendo café forte e dando duro para preparar a apresentação. Mas você consegue.

9. **Seu amigo compra um relógio caríssimo que você ambiciona há muito tempo. O que você faz?**

A) Dá uma busca na Internet para ver se consegue encontrar uma oferta e comprar um.

B) Rouba o relógio.

C) Fica babando, mas admite para si mesmo que nunca terá condições de comprar um.

10. **Quando dirige, a que velocidade você anda?**

A) O suficiente para ganhar três pontos na carteira, mas em geral dirige dentro dos limites de velocidade.

B) O mais rápido que puder, dando sinal de luz para os outros motoristas saírem da frente – e isso em ruas secundárias.

C) Uma média de 40 km/h, mas prefere andar de ônibus.

Como você se saiu?

Maioria de respostas A: você é absolutamente normal – às vezes, pode ser egoísta, mas em geral é gente boa.

Maioria de respostas B: você está beirando a psicopatia. Não consegue ter muitos amigos. Mas quem é que se importa com isso?

Maioria de respostas C: com certeza, você não é psicopata, mas é bastante sensível. Cuidado para não deixar que o façam de gato e sapato.

(Atenção: este *não* é um instrumento diagnóstico, ele foi elaborado apenas para fins de diversão. Além do mais, se você fosse psicopata, iria mentir mesmo, do começo ao fim.)

PRAZER PSICOPATA

Quando descobrem alguma coisa que lhes interessa, os psicopatas têm "visão em túnel", ou seja, só enxergam aquilo, mais nada, ignorando outros detalhes. Isso pode ser tanto uma vantagem como uma desvantagem. O problema é que isso os torna particularmente insensíveis a "dicas de ameaças" periféricas e, consequentemente, eles podem deixar de ver aspectos no ambiente que representam alertas.[69] Hare observou que os pilotos de caça psicopatas eram elogiadíssimos por seus ataques corajosos ao inimigo – mas acabavam anulando tudo ao deixar de notar coisas menos interessantes, como o nível de combustível ou a posição de outros aviões.[70]

Obviamente, até certo ponto, todos nós focamos em coisas prazerosas, mas os psicopatas levam isso ao extremo.[71] Eles podem buscar agressivamente o prazer, mas, devido à sua reduzida capacidade emocional, a vida deles não costuma ser mais satisfatória do que a da maioria das pessoas, isso quando não é menos satisfatória. Entretanto, talvez o fato de concentrar-se nas coisas excitantes da vida (ou apenas "sentir" menos) seja bom para a saúde mental dos psicopatas – aqueles que têm uma pontuação elevada na escala de verificação de psicopatia (PCL-R) costumam ter menos sintomas de depressão.[72]

RESUMO E RECOMENDAÇÕES

Se você leu este livro e ficou preocupado com a possibilidade de ser psicopata, a boa notícia é que provavelmente você não é. Um verdadeiro psicopata certamente não se reconheceria assim – pois eles não se consideram "maus", e, mesmo que se considerassem, não ficariam preocupados com isso.

O principal a se lembrar é que, embora todos nós possamos nos comportar como psicopatas em algumas situações, a psicopatia é duradoura e persistente. Não basta ter um ou dois dos traços psicopatas que analisamos – é preciso exibir todo um grupo de sintomas. Além disso, o importante não é a perversidade de um ato em particular, mas as maneiras características com que você se relaciona com as pessoas. Ser um assassino é horrendo, mas não o torna necessariamente um psicopata; de fato, você pode ser um psicopata sem nem mesmo transgredir a lei.

Os psicopatas não são loucos; eles não têm alucinações nem cometem atos violentos porque escutaram vozes que diziam para eles fazerem isso. Na verdade, eles têm plena consciência do que fazem e um controle razoável do seu comportamento. Eles não têm conflito interno nem consciência – portanto, se algum dia você já sentiu remorso ou pesar por algo terrível que tenha feito, então você não é psicopata.

Obviamente, existem ocasiões em que podemos ser levados a apresentar um comportamento psicopata. Sempre que nos sentimos intensamente pressionados podemos ter a "visão em túnel" dos psicopatas em nosso desejo de ter aquilo que precisamos ou queremos – da festa de casamento perfeita até uma vingança a algum agressor. Reiterando, embora o comportamento resultante seja lastimável, não é psicopata. Nós podemos nos redimir.

Se você for um psicopata, talvez tenha a sorte de ter obtido sucesso na vida. Sem um ponto de referência moral, você será impiedoso na sua busca por recompensa e prazer. O psicopata tem menos tendência a ter depressão e a sentir ansiedade e certamente não se preocupa com o sentimento dos outros. Isso garante uma existência comparativamente livre de stress. O único consolo para as outras pessoas é que eles começam a "amolecer" um pouquinho na meia-idade.

Por outro lado, o psicopata tem uma vida pouco estável e, por causa das constantes brigas e rixas com as pessoas que convivem com ele, pode sentir-se "azarado" e perseguido. Os psicopatas também sabotam a si próprios, e qualquer equilíbrio alcançado será rapidamente rompido. Incapaz de se adaptar às normas sociais, um psicopata razoavelmente perceptivo pode se sentir "diferente" e injustamente colocado de lado pelos que o rodeiam. Embora você possa invejar um psicopata bem-sucedido por, digamos, sua grande determinação de obter sucesso financeiro, talvez sirva de consolo saber que ele jamais sentirá uma felicidade plena, mesmo que esteja coberto de ouro.

NOTAS

1. R. D. Hare, *Without Conscience: The Disturbing World of the Psychopaths Among Us* (Nova York: Guilford Press, 1998).
2. J. R. Weisz e C. J. McCarty, "Can we trust parents' reports on cultural and ethnic differences in child psychopathology?", *Journal of Abnormal Psychology* 108 (1999): 598-605.
3. D. J. Cooke, C. Michie, S. D. Hart e D. Clark, "Assessing psychopathy in the UK: concerns about cross-cultural generalisability", *British Journal of Psychiatry* 186 (2005): 339-45.
4. D. J. Cooke e C. Michie, "Psychopathy across cultures: North America and Scotland compared", *Journal of Abnormal Psychology* 108 (1999): 58-68.
5. Judith Rawnsley, *Going for Broke: Nick Leeson and the collapse of Barings Bank* (1996)
6. *Ibid.*
7. B. J. Board e K. Fritzon, "Disordered Personalities at Work", *Psychology, Crime and Law* 11(1) (2005): 17-32.
8. G. K. Levenston, C. J. Patrick, M. M. Bradley e P. J. Lang, "The psychopath as observer: emotion and attention in picture processing", *Journal of Abnormal Psychology*, 109 (2006): 373-85.
9. R. D. Hare, "Electrodermal and cardiovascular correlates of psychopathy" em R. D. Hare e D. Schalling (orgs.), *Psychopathic Behaviour: Approaches to Research* (Chichester, Inglaterra: John Wiley & Sons, 1978), 107-44.
10. Charles-Albert Poissant, *How to Think Like a Millionaire* (Londres: Thorsons, 1989).

11. Erin Arvedlund, *Madoff: The Man Who Stole $65 Billion* (Londres: Penguin, 2009).
12. Jon Kelly, "The Strange Allure of Robert Maxwell", BBC News Website, 4 de maio de 2007.
13. *Ibid.*
14. Publicado no *site* da PriceWaterhouseCooper: www.pwc.com.
15. S. Schachter, *The Psychology of Affiliation: Experimental Studies of the Sources of Gregariousness* (Stanford, CA: Stanford University Press, 1959).
16. R. D. Hare e B. Gilstrom, "Hand gestures and speech encoding difficulties in psychopaths", original não publicado (1997).
17. A. Raine, M. O'Brian, N. Smiley, A. Scerbo e Chan, "Reduced lateralisation in verbal dichotic listening in adolescent psychopaths", *Journal of Abnormal Psychology* 99 (1990). R. D. Hare e J. Julai, "Psychopathy and cerebral asymmetry in semantic processing, *Personality and Individual Differences* 9 (1998): 328-37.
18. S. M. Louth *et al.*, "Acoustic distinctions in the speech of male psychopaths", *Journal of Psycholinguistic Research* 27 (1998): 375-84.
19. Karen Karbo, "Friendship: The Laws of Attraction", *Psychology Today* (Novembro de 2006).
20. "Love at First Fright" foi um estudo em que os pesquisadores pediram que alguns frequentadores de dois parques temáticos no Texas olhassem a fotografia de um homem ou uma mulher e dissessem até que ponto os achavam atraentes. Os que tinham acabado de descer da montanha-russa acharam as pessoas da foto significativamente mais atraentes. C. M. Meston e P. F. Frohlich, "Love at First Fright: Partner salience moderates roller coaster-induced excitation transfer", *Archives of Sexual Behavior* 32 (2003): 537-44.
21. J. R. Meloy e M. J. Meloy, "Autonomic Arousal in the Presence of Psychopathy: A Survey of Mental Health & Criminal Justice Professionals", *Journal of Threat Assessment* 2(2) (2003): 21-31.
22. J. J. Gunnell e S. J. Ceci, "When Emotionality Trumps Reason: A Study of Individual Processing Style and Juror Bias", *Behavioural Sciences and the Law* 28(6) (2010): 850-77.
23. A. L. Glenn *et al.*, "Early Temperamental and Psychophysiological Precursors of Adult Psychopathic Personality", *Journal of Abnormal Psychology* 116(3) (2007): 508-18.

24. De J. McCrone, "Rebels With A Cause", *New Scientist* 165 (2000): 22-7.
25. R. D. Hare, *Without Conscience*.
26. Maurice Chittenden, "Trust me, telling fibs is sure sign of success", *The Sunday Times*, 16 de maio de 2010.
27. Russell Foster, neurocientista da Oxford University, citado em *The Times*, 14 de janeiro de 2007.
28. J. Biederman, J. Newcorn e S. Sprich, "Comorbidity of attention deficit hyperactivity disorder with conduct, depressive, anxiety, and other disorders", *American Journal of Psychiatry* 148(5) (1991): 564-77.
29. E. Colledge e R. J. R. Blair, "Relationship between ADHD and psychopathic tendencies in children", *Personality and Individual Differences* 30 (2001): 1175-187.
30. J. Peter e H. Burbach, "Neuropsychiatric connections of ADHD genes", *Lancet* 376 (Outubro de 2010): 1367-368.
31. J. N. Geidd, J. Blumenthal, E. Molloy e F. X. Castellanos, "Brain imaging of attention deficit hyperactivity disorder", Anais da Academia de Ciências de Nova York 931 (2001): 33-49.
32. James Blair, Derek Mitchell e Karina Blair, *The Psychopath: Emotion and the brain* (Wiley-Blackwell, 2005).
33. F. J. Zimmerman *et al.*, "Early cognitive stimulation, emotional support and television watching as predictors of subsequent bullying among grade-school children", *Archives of Pediatrics & Adolescent Medicine* 159(4) (2005): 384-88.
34. J. B. Funk, "Reevaluating the Impact of Video Games", *Clinical Pediatrics* 32(2) (1993): 86-90; citado por Bernard Cesarone em http://ceep.crc.illinois.edu/eecearchive/digests/1994/cesaro94.html (acessado em 25 de novembro de 2010).
35. Youth TGI Survey, 2004.
36. Teresa Orange e Louise O'Flynn, *The Media Diet For Kids: A Parent's Survival Guide to TV & Computer Games* (Hay House, 2005).
37 "The Final Report & Findings of the Safe School Initiative", 1º de maio de 2002.
38. "The Depressive and the Psychopath: The FBI's analysis of the Killers Motives", *Slate*, 20 de abril de 2004.
39. Mary Ellen O'Toole, FBI, "The School Shooter: A Threat Assessment Perspective", citado em www.fbi.gov.

40. E. Aronson, "Reducing Hostility and Building Compassion: Lessons from the Jigsaw Classroom" em *The Social Psychology of Good & Evil* (2004).
41. G. T. Harris, M. E. Rice e M. Lalumiere, "Criminal Violence: The roles of psychopathy, neurodevelopmental insults and antisocial parenting", *Criminal Justice and Behaviour* 28 (2001): 402-26.
42. R. D. Hare, "Psychopathy as a risk factor for violence", *Psychiatric Quarterly* 70 (1999): 181-97.
43. R. D. Hare, *Without Conscience*, 168.
44. D. Stevens, T. Charman e R. J. R. Blair, "Recognition of emotion in facial expressions and vocal tones in children with psychopathic tendencies", *Journal of Genetic Psychology*, 162(2) (2001): 201-11.
45. R. J. R. Blair e M. Coles, "Expression recognition and behavioural problems in early adolescence", *Cognitive Development* 15 (2000): 421-34.
46. Baseado em K. Browne & M. Herbert, *Preventing Family Violence*, 1997.
47. Orville Gilbert Brim, *Look At Me! The Fame Motive From Childhood to Death* (University of Michigan Press, 2009).
48. Pesquisa com 1.032 adolescentes de 16 anos realizada por www.intotheblue.com, publicada em www.parentdish.co.uk, 19 de fevereiro de 2010.
49. Pesquisa realizada com três mil pais britânicos de pré-adolescentes encomendada por *Let The Kids Loose*, Watch TV, publicada em www.taylorherring.com, em 6 de outubro de 2010.
50. Jib Fowles, professor de estudos de mídia da University of Houston-Clear Lake e autor de *Starstruck: Celebrity Performers and the American Public* (Prentice Hall, 1992).
51. Mark Young e Drew Pinsky, "Narcissism and celebrity", *Journal of Research in Personality*, 40(5) (Outubro de 2006): 463-71.
52. David Wilson, "Rigged and Grotesque, this puppet show is doomed", *Daily Mail*, 26 de outubro de 2010.
53. Pesquisa GirlGuides, 2008.
54. Extraído da Association of Teachers and Lecturers (pesquisa realizada com professores de ensino fundamental e médio).
55. Richard Crew, "The Ethics of Reality Television Producers", *Media Ethics* 18(2) (Primavera de 2007): 10, 19.
56. Oliver James, *Affluenza* (Vermilion, 2007).

57. R. D. Hare, L. N. McPherson e A. E. Forth, "Male Psychopaths and their criminal careers", *Journal of Consulting and Clinical Psychology*, 56 (1988): 710-14. Também C. A. Cormier: "Psychopathy and Violent Recidivisim", *Law and Human Behaviour* 15(1991): 625-37.
58. R. D. Hare, *Without Conscience*.
59. S. Baron-Cohen *et al.*, "The amygdala theory of autism", *Neuroscience and Biobehavioral Reviews* 24 (2000): 355-364.
60. N. H. Kalin, "The primate amygdala mediates acute fear but not the behavioral and physiological component of anxious temperament", *The Journal of Neuroscience* 21 (2001): 2067-074.
61. R. A. Richell *et al.*, "Trust and Distrust: the perception of trustworthiness of faces in psychopathic and non-psychopathic offenders", *Personality & Individual Differences* 38(8) (2005): 1735-744.
62. R. Adolphs, L. Sears e J. Piven, "Abnormal processing of social information from faces in autism", *Journal of Cognitive Neuroscience* 13(2) (2001): 232-40.
63. H. Cleckley, *The Mask of Sanity* (5ª ed.; St Louis, Missouri: Mosby, 1976).
64. D. T. Lykken, *The Antisocial Personalities* (Hillside, NJ: Lawrence Erlbaum Associates, Inc., 1995).
65. C. J. Patrick, "Emotion and psychopathy: startling new insights", *Psychophysiology* 31 (1994): 319-30.
66. S. Arieti, "Some elements of cognitive psychiatry", *American Journal of Psychotherapy* 21 (1967): 723-36.
67. S. S. Smith e J. P. Newman, "Alcohol and drug abuse-dependence disorders in psychopathic and non-psychopathic criminal offenders", *Journal of Abnormal Psychology* 99 (1999): 430-39; J. F. Hemphill, S. D. Hart e R. D. Hare, "Psychopathy and substance use", *Journal of Personality Disorders* 8 (1994): 169-80.
68. K. Tourian *et al.*, "Validity of three measures of antisociality in predicting HIV risk behaviours in methadone-maintenance patients", *Drug and Alcohol Dependence* 47 (1997): 99-107.
69. J. P. Newman *et al.*, "Psychopathy and Psychopathology: Hare's Essential Contributions", em H. Herve e J. Yuille (orgs.) *Psychopathy in the Third Millennium: Theory and Research* (Nova York: Academic Press, 2003).
70. R. D. Hare, *Without Conscience*.

71. P. A. Arnett, S. S. Smith e J. P. Newman, "Approach and avoidance motivation in psychopathic criminal offenders during passive avoidance", *Journal of Personality and Social Psychology* 72 (1997): 1413-428.
72. R. D. Hare, "Hare Psychopathy Checklist-Revised (PCL- R): 2ª edição", *Technical Manual* (2003).